教师成长的六大要素

一个物理教师的
智慧教学与自我成长之路

欧阳华乐 / 著

东北师范大学出版社

长春

图书在版编目（CIP）数据

教师成长的六大要素：一个物理教师的智慧教学与
自我成长之路/欧阳华乐著.—长春：东北师范大学
出版社，2020.8
　ISBN 978-7-5681-7130-4

Ⅰ.①教… Ⅱ.①欧… Ⅲ.①师资培养－经验－中国
Ⅳ.①G451.2

中国版本图书馆CIP数据核字（2020）第166947号

□责任编辑：邓江英　　　　　　□封面设计：言之凿
□责任校对：刘彦妮　张小娅　　□责任印制：许　冰

东北师范大学出版社出版发行
长春净月经济开发区金宝街 118 号（邮政编码：130117）
电话：0431-84568115
网址：http：// www.nenup.com
北京言之凿文化发展有限公司设计部制版
北京政采印刷服务有限公司印装
北京市中关村科技园区通州园金桥科技产业基地环科中路 17 号（邮编：101102）
2022年6月第1版　2022年6月第1次印刷
幅面尺寸：170mm×240mm　印张：14　字数：220千

定价：45.00元

专家荐言

欧阳老师所提出的教师成长的六大要素，源于他切实的经历和感悟，透出土地一样的质朴和真实。我相信这对年轻教师及一线教师都有亲切感和指导性。

——叶文梓，深圳市教育科学研究院院长，研究员，博士生导师

本书是作者由一线教师成长为教研员心路历程的真实写照，是自我成长的智慧结晶。这其中，既有长期实践和探索的过程，也有良好理念与方法的提炼，更有积极心态与行为的分享，实用性强。期待所有有幸与此书结缘的朋友，能够少些迷茫、少走弯路，并由此踏上一条健康、快乐、幸福的教师发展之路。

——李春密，北京师范大学教授，博士生导师

本书所阐述的教师成长的六大要素，是一位一线教师对教育工作和教师人生的理解与追求，在实践的过程中取得了理想的成效，相信能对渴望成长的教师有所启迪与帮助。

——潘希武，深圳市教育科学研究院副院长，研究员，博士生导师

我和欧阳老师认识十几年了，他对教学教研的执着一直没变。这两年我们在一起做我的省级课题，他承担了子课题"中小学微课资源开发和创新应用的研究"，组织研究团队扎根课堂，一步一个脚印，边研究边实践，完成了一系列对总课题具有重要意义的成果。

——熊冠恒，深圳教育科学研究院教师发展中心主任，研究员

时代之呼唤：觉者为师

——写于欧阳华乐新书付梓之际

（代序）

　　教师，不只是一种职业，也不只是一种专业，而是一种生活方式。选择做教师，就是选择一种生活方式。这些年来，我一直在思考：在我们时代，如何做教师才能既成为好教师，又能享有幸福人生呢？人生只有一次。今生既然选择了做教师，如果不能成为好教师，岂不是既误了孩子，又误了自己。

　　教师的发展，与时代发展显然是分不开的。我曾对教师发展历程进行过简单梳理，其基本历程如下：

　　第一，长者为师。在远古时代，人类生产和生活知识累积很难，往往是基于个人、氏族或部落的经验积累，教育传授的主要是经验，因而，远古时代更多的是那些有丰富生产生活经验的长者成了年轻一代的教师。

　　第二，知者为师。随着人类社会进入农业时代，生产生活知识累积进一步丰富，教育所传授也从以经验为主转向以知识为主，"长者为师"逐步转向"知者为师"。教师也逐步走向职业化发展。

　　第三，能者为师。当人类社会进入工业社会，人类生产生活不只需要知识，还越来越需要更多的专业能力。教育也逐步从传授知识为主转向以能力培养为主。值得注意的是，教师工作也日益复杂，越来越需要进行专门训练。因而，农业社会的"知者为师"日益转向工业社会的"能者为师"。这也是教师专业化发展时期。

　　第四，觉者为师。当人类社会日益向着智能社会发展时，智能技术不断被发展出来并被广泛应用于生产生活。智能社会需要人自身的能力，不只是更高的专业能力，更为重要的是人的创新能力，以及人对自身、对社会、对文化、对自然更加自觉的责任与价值。由此，工业社会的"能者为师"也逐步转向智能社会的"觉者为师"。

欧阳华乐是我熟悉的一位优秀教师。前段时间，他告诉我他的新著《教师成长的六大要素》就要出版了，希望我为新书写序。他基于自己工作经历和人生感悟提出了教师成长的六要素——认知与规划、态度与习惯、理念与模式、技能与方法、教研与科研、情绪调控与身心修养。这六个要素，既涉及教师工作的主要方面，也涉及教师人生的关键要素，比如，理想、态度、情绪等。对每一个要素，欧阳老师进行了阐述，并对年轻教师给出了具体建议。可以说，这是一位一线教师对教师工作和人生的理解与追求，是一位不断成长的教师对年轻一代教师的期待与指引。我认真学习之后，引起了很多共鸣和思考，因而，我愿意向各位读者报告我的读后感，并希望每位教师都能在自己的岗位上创造出属于自己的职业尊严和人生幸福。我主要有以下感想：

一、觉者之师把读书与思考作为重要生活方式

任何人在世上生活，都需要物质生活和精神生活。教师因其工作和生活的独特性，对物质生活和精神生活也形成了独特态度。教师，所从事的是与人、与文化打交道的人文事业，传承的是文化，守护的是精神，成就的是学生，滋养的是自我。因而，教师往往重视精神生活胜过物质生活。在物质生活方面，教师不能贫穷但一定要朴素。贫穷与朴素的区别在于：贫穷是基本生活需要都不能得到满足；而朴素则是在基本生活需要满足之后不以追求奢侈豪华为目标。贫穷是人生的不幸与无奈，而朴素则是教师的风范和品格。过分热衷于物质生活的人，在根本意义上是不适合做教师的。在物质生活方面花的心思少了，教师自然就可能把更多的心思花在精神生活方面。为此，教师应当把读书与思考作为重要的生活方式。书有很多类型，书是一个海洋，读书也有不同的方式。有的是为消闲而读，有的是为了解新的资讯而读，有的是为了学术研究而读。开卷有益，不管读什么书怎么样读书，多数是有益的，是应当鼓励的。教师读书的范围应该尽量地广泛些，科学、历史、哲学、文学、经济、保健等方面的都应有所涉及。然而，教师读书也不能只是泛泛而读，在广泛阅读的基础上，要有与自己工作、生活、趣味等相一致的专门领域，要有自己的专

业阅读,要做到"博而专"。同样重要的是,教师的读书与思考,不是一时一地的,而是持续不断地经常性、系统性阅读,是融入教师每天生活中的自觉行为。唯有持续不断地阅读和思考,教师的知识才能更加丰富,思想才能更加深刻,情感体验才能更加厚实,教师的精神世界才能更加充满活力与生机。教师也由此享受到无可比拟的精神快乐,并促使内在自我的健康成长。然而,由于现代社会生活节奏的加快,事务的繁多,以及各种诱惑的无处不在,很多教师早已远离书桌,更热衷于各种应酬。教书的读书少甚至不读书,是当前教育之痛。欧阳老师自毕业之后,虽然一直工作在基层,甚至在边远地方工作,但他一直以书为友,没有停止阅读和思考,不断丰富自我、滋养自我、超越自我,努力成就一个更加美好的自我。由此,我明白,觉者之师,不一定是完美之人,但一定努力向着完美前行。

二、觉者之师以乐观态度直面人生困境甚至不幸

人的一生虽然短暂,但也是风风雨雨,都会遇到各种各样的艰难挫折甚至于不幸。正如我们不能希望天空永远不下雨一样,谁也不能把艰难挫折与不幸从自己的人生之中排除出去,因而,更为重要的是要以积极的心态直面生活的困境甚至于不幸。欧阳老师在大学时代曾饱受过病痛的折磨。他曾因神经衰弱导致严重失眠、怕光、流泪、怕震动、食欲不振、记忆减退,打针吃药也不见好转,几乎到了无法坚持学习的地步。为了摆脱病痛的折磨,欧阳老师不断尝试,终因机缘巧合,找到了一种调理身心的方法,并从此走上了寻找自我生命的自觉之路。在人的一生中,虽然有幸运与不幸,有痛苦与欢乐,有顺境与逆境,但在幸运、欢乐与顺境中,人更容易活在表面和外部的世界。而当身处不幸、痛苦与逆境之中,更能直面自我的内心,走进自我心灵的深处。在这种意义上,艰难挫折与不幸,更直接也更深刻地与灵魂相联系,更能引导人们思考人生的价值与意义。生活也一再告诉我们,一个人唯有经历过磨难,对人生有了深刻体验,灵魂才会变得丰富,而真正的成功者也必定是经历过艰难挫折与不幸。也许,我们既不必把人生看作受难的历程,也不能把人生看作趋乐避苦的历程。对真实人生而言,前者太过悲观,而后者又太过乐观。更为自觉的态度,也许就是不管欢乐还是痛苦,只要是自己人生中所有的,都欣然接受。接受之后,在欢乐中保持谨慎,在痛苦中保持希望。欧阳老师不管对工作、对生

活、对他人，都捧着一颗热烈的心，都心怀梦想地走过每一个日子。他说，只有热爱本职工作的人，才会被生活所热爱。他真诚地告白：我们当教师，就要有教师的梦想。有梦才能充实，有梦才有希望，有梦才有作为，有梦才可能实现人生的价值追求！由此，我也明白，觉者之师，总能以希望和乐观直面人生的艰难挫折与不幸，因其内心总是蕴藏着对工作、对生活、对生命的无比炙热之爱。

三、觉者之师以全部之我成就学生的美好人生

教师之为教师，是因为有学生。学生是教师生命中最重要的人。远离学生，哪有教师的人生呢？教师之风范、人生之境界，关键就看他如何对待学生。教师不能只是以一种专业的态度对待学生。专业化水平最高的职业无疑是医生、律师和会计。事实上，教师与医生、律师、会计是不一样的。医生、律师、会计是用专业知识和能力解决一个专业问题，而教师影响学生的最重要的不是专业知识和能力，也不只是影响学生的知识学习和能力培养。教师，用自我生命的全部，成就学生的整个人生。我们可以看到，那些只投入知识或能力，而未能投入自我全部生命的教师，至多只是在教书而不可能走进学生的心灵，更不可能引领学生生命的成长。欧阳老师是一位物理老师，也做过班主任和学校中层干部，但不管他在教育教学的哪一个岗位上，他都那么认真、那么投入、那么津津有味。作为物理老师，他认真备课，他把备课标、备教材、备学生、备教法、备学法、备资源、备作业——落实到自己的备课中。作为班主任，他深入研究情绪自我调控方法，教给学生积极的情绪调控方法。为了让学生发展得更好，他不断学习先进的教育理念与方法，不断探索解决学生各种现实问题的有效路径。他严格要求自己做好每一件平凡的工作。欧阳老师告诉我们：每个人自己创造自己的未来。今天做事的态度决定了明天的归宿。每天我们钉一颗钉子，放一块木板，垒一面墙，如果不竭尽全力，留给自己的只能是一个粗制滥造的房子。由此我明白,觉者之师，唯有投入自我生命的全部，才能成就学生的美好人生，也才能创造出最美好的自我人生。

四、觉者之师怀着坚定的信念过平凡的日子

教师，虽然被称为太阳底下最光辉的职业，但教师的人生是平凡的，事

实上，不管做什么行业，其人生在本质上都是平凡的。不管是谁，其生不过百年，而且，在有限的人生中，很多时候我们所做的工作大抵都是同样的，所过的日子也大抵都是同样的。就教师而言，每天上班和下班，每天备课、上课、批改作业、与学生交往，等等。教师的人生，似乎没有什么轰轰烈烈的大事件，日子就像一条小河，一天天的波澜不惊地流淌。然而，同样的事并不意味着就是重复着做，同样的日子也并不意味着就是重复地过。觉者之师，为每一天的工作和生活注入信念的力量，让每一天的工作都有新意，让每一天的生命都有价值。信念之所以有力量，在我看来，首先是希望的力量。信念，是对某种希望的坚信。尽管我们生存于其中的世界和经历的人生不一定完美，但教师对人生对世界总是满怀希望。为着这样的希望，我们一天又一天的前行。也许每一天都不完美，但总有一天我们会发现世界和人生已在不知不觉中变得更加完美，而当初的希望和梦想也已开花结果。对世界和人生而言，不是所有的理想都能实现，但今天的所有美好，都是曾经的理想。觉者之师，始终以自己心中的希望之光，为学生照亮前行之路。欧阳教师指出：拥抱愿景就是指一个人拥有坚定的人生信念，找到自己的人生目标，努力去实现自己人生的梦想。人生要有愿景，成功始于愿景。其次是创造的力量。信念，激发生命内在的创造活力。创造，不一定指技术的发明或者艺术的创作。在某种意义上，创造就是全身心投入的那种工作状态和生活状态。教师心无旁骛地阅读和思考，提出了某些新思想和新理念，这是文化的创造；教师全心地关爱学生，化解学生的烦恼，点拨学生的迷悟，引领学生的思维，这是教育的创造；教师满怀激情地投入生活，拍出一张美丽的照片，烧出一道美味的新菜，把房间布置出一种新样子，这是生活的创造。教育因创造而美好，生活因创造而幸福，人生因创造而精彩。再次是坚守的力量。信念，是坚守的最好理由。在茫茫人海之中，在大千世界之内，选择无时不有，诱惑无处不在。今生既然选择做教师，就意味着与教育结缘，与孩子为伴，与文化为友。不管时光如何地流逝，不管社会风尚如何地变幻，教师依然立于天地之间，依然还是那个千古不易的名字——教师。坚守，意味着坚定的拒绝，意味着无悔的选择，意味着真心的守护。教师，要学会拒绝浮躁与功利，要学会坚守的功夫。

欧阳老师所提出的教师成长的六大要素，源于他切实的经历和感悟，透出土地一样的质朴和真实。我相信这对年轻教师及一线教师都有亲切感和指导性。当然，这些要素的提炼更偏重于教师工作，而对教师人生的关注还需要更加自觉。在他所提出的六大要素中，虽然考虑了新课标、新要求，但在具体论述中对中华民族深厚的教师传统的汲取还有待深化，对智能社会的前瞻还有待拓展，对教师当下工作和生活中的困惑还需更深刻地切入。我相信欧阳老师能够以此为新的起点，更大胆地探索，更用心地创造，像他所工作和生活的大鹏半岛一样，瞭望着大海的远方，守护着脚下大地和高山的坚实，不但自己走得更远，而且引领越来越多的年轻教师成为觉者之师，为深圳成为幼有善育、学有优教的中国特色社会主义教育先行示范区做出新贡献。

　　是为序。

叶文梓

（作者系深圳教育科学研究院院长，研究员，博士生导师）

六大要素助力教师成长

（自序）

　　本人于2013年开发了一门深圳市教师继续教育课程《教师的身心调节与工作成效》，本课程的主体内容分为两部分：一是中小学教师的健康状况和身心调节的方法；二是追求工作卓有成效的教师必备的理念与技能。短短一天的授课，两个这么大的话题，要讲好真的不容易。尽管有些内容只能蜻蜓点水般地一带而过，但每次授课完毕后，或许我所讲的内容能给其他教师点滴的启示与激励，所以，总会得到许多参加继续教育学习的老师的赞许与感激，这让我备感欣慰。其实，出于一贯以来的职责与良知，更出于对参加继续教育学习老师的尊重与期盼，每一次授课，我都当成新授课来认真准备，只想通过自己学习及工作过程中的成长感悟，能够真正给我的学员带来更多的启示与帮助。

　　在本人成长过程中曾饱受过病痛的折磨。后来，通过身心的调整，才有所好转。其间，让我感受最深的是，一个人有了公德，心态才能平和，才能较快进入静的状态，才能达到自我修炼的效果。

　　后来参加了工作，成了一位光荣的人民教师。一开始，我对自己的教育教学情况心里没底，缺乏自信，有过焦虑与担心，生怕自己教得不好而影响学生的前程。不过庆幸的是，在我所有工作过的单位，我教过的学生或我带领过的团队一次又一次以骄人的成绩化解了我原有的顾虑：1990年7月—1991年7月（这是我刚参加工作的第一年）在江西省永新师范任教，我所任教的物理学科成绩在江西近40所师范学校统考中名列全省第八，被评为优秀教师；1993年8月—1994年7月，在广东省博罗师范任教时，我所任教的物理学科在全省48所师范学校中名列第四，成绩优异，荣获特等奖；2005—2006学年度，担任初三年级主管行政时，带领初三团队创造了平湖中学有史以来中考最好成绩（优秀率龙岗区排名第二，其他指标均名列前茅）；2006年8月—2007年7月挂职河源市东源县教育局副局长（分管初中小学板块，主抓初三毕业班教学）时，抒写了全县中考的新篇章！（全县优秀率为上一年的近3倍，平均分提高近6分）；2014年，在大鹏新区教科研中心协助管理时，我新区中考成绩稳步提升，全区平均分为499.2分，比上一年提高了24.3分；700分以上人数27人，比上一年增加17人，增长率为170%；600分以上为142人，较上一年增加67人，增长率为89.3%；500分以上为348人，较上一年增加98人，增长率为39.2%。这四项指标的增长率均位居全市各区前列；而2019年，在新区领导的重视和支持下，在全体老师的共同努力下，新区中考所有指标全面提升，其中优秀率（百分制90分以上）为20.3%，同比提高了8.1个百分点；良好率（百分制80分以上）为54.9%，同比提高了13.0个百分点；低分率（百分制60分以下）为16%,同比降低了6.2个百分点，且各项指标均优于全市平均水平，中考录取情况创历史新高。

　　或许正是由于上述原因，才让我有勇气于2013年申报开发了一门深圳市教师继续教育课程，并且将课程取名为《教师的身心调节与工作成效》，成为深圳市大鹏新区第一个开发教师继续教育课程的老师。

　　然而，由于每次授课仅一天时间，尽管想多给学员分享一些理念与技能，但时间仓促，实难其详，所以，课后总有一些学员问道："欧阳老师，究竟是什么原因使得您的学生一次次取得如此好的成绩？"是啊，为什么？这引发了我的思考。尤其是当自己被评为名科研专家工作室领衔人、肩负着引领众多老师共同成长的使命时，这更让我陷入了沉思："何谓成长？如何让教师能够快更好地成长呢？"

　　所谓成长，主要有两种含义：一是长大；二是向成熟的阶段发展。而教师专业成长是指教师个人在教育思想、专业知识和教育能力等方面不断改进与提升的行为过程，也即：教师在教育教学生涯中，通过自主学习、培训交流和教学实践等活动，不断提高自己在教育理念、学科知识、教学能力、教育管理、学生辅导、专业态度等方面素养，成为一个良好的教育专业工作者的过程。

　　教师服务的对象是学生，教师业绩情况如何较大程度上由学生的进步来体现。由于教师的成长过程是其自身专业素养不断优化的过程，所以，教师的成长过程必然是伴随学生学业成绩越来越优化的过程。也即，教师的成长与学生的成长是一个相辅相成、相互映衬、正向关联的过程。回顾自己的成长历程，有几点是我体会极为深刻的：

一、良好心态是教师成长的关键因素

因为态度决定行为，而行为决定结果。态度其实是爱的一种表达方式。只有热爱本职工作的人，才会被生活所热爱！积极健康的心态，是教师成长和发展的基石。

一路走来，我真的很幸运，本人在自己所工作过的单位都取得了较为突出的业绩。我心存感激与感恩，自己总能遇到干事创业的领导、团结奋进的同事和一批批活泼、聪明、可爱的学生，所以才有如此骄人的业绩。对于我个人来讲，总觉得，与其浑浑噩噩地混日子，还不如扎扎实实地干事情。既然当初我们选择了教育，我们就有责任和义务要把它做好。搞教育，就要把学生教好；做老师，就要做好老师。取得成功、获得幸福的路只有一条，那就是必须有卓越的态度。所以，自己承接的任何事情，我都会竭尽全力、想方设法去做好。从愿景规划、策略选择、人员安排、学生激励、规章制度及激励方案等，每个环节、每个细节我都用心去做，力求做成精品。或许正是这始终如一的职业态度和职业精神，才让我融合了这么优秀的团队，才有了这点点滴滴的成绩。

二、教育研究是教师成长的重要途径

苏霍姆林斯基说过，如果你想让教师的劳动能够给教师带来一些乐趣，那么，就应该引导每一位教师走向研究这条幸福的道路上来。教师既是实践者，也是研究者。每件事都有若干种做法，而教育研究正是去寻找一条最科学、最有效的方法的过程。研究能使教师发现一片更广阔的教学天地，一个全新的自我，让人有更高的工作热情去发现与创新。教育研究是教师快速成长的一大法宝。

记得在我刚刚大学毕业来到师范学校任教的头五年，由于年轻，自我认知不足，加上压力小，缺乏鞭策和引领，所以几乎没有总结提炼任何东西。好在自己有一个最原始本能的想法：让学生喜欢我的课。

教而不研则浅，研而不教则空。1995年来到深圳，在中学任教时，有了中考的压力，有了领导的激励，自己一下子仿佛有了方向，有了前进的动力了。对自己在教学或管理中遇到的问题进行研究，先后写下了教学方面的论文10篇和班级（或年级）管理方面的论文5篇。这其中就有我后来一直推行的教学模式的论文《"自主互助学习法"在中学教学中的应用探究》和管理模式的论文《"班级的主辅双线管理模式"探究》两篇论文,这两篇论文对我后来的教学及管理帮助巨大,效果明显。2006年来到河源市东源县挂职教育局副局长时,分管初中小学板块,主抓初三毕业班教学。角色的转换,职责所在,使命使然,让我必须不断地给全县中小学校的领导和老师开会讲座,进行培训指导,这迫使我疯狂地学习、刻苦地钻研,让我从宏观管理、学科教学、职业认知、身心调节、学生疏导、家长沟通等不同角度进行思考和研究,先后写下了宏观管理方面的论文8篇、认知和规划方面的论文2篇、身心调节方面的论文4篇、学生疏导方面的论文5篇、家长沟通方面的论文2篇等,这为我后来的工作打下了坚实的基础。2008年来到教研部门工作后,身为教研员,我给自己提出了更高的要求,力求能够给广大教师起到示范引领作用,先后写下了教育理念与教学技能方面的论文6篇、教研科研论文5篇;还先后开展了省、市、区级5个课题的研究;另外,还相继开发了《教师的身心调节与工作成效》和《新课标下物理教师必备的理念与技能》两门深圳市教师继续教育课程。所有这些既是一个学习反思、总结提炼的过程,更是一个辐射引领、共同成长的过程。

三、身心调节是教师成长的有力保障

教师的身心健康比教师的学科知识和教学方法更为重要。教师不仅在对学生传授知识,更是在塑造人格。教师的人格品行和身心健康,影响的不仅仅是学生的学业成绩,而且对学生世界观的形成将产生深刻的、潜移默化的作用。然而,调查研究表明:我国中、小学教师的身心健康状况却让人担忧,无论是在生理上还是在心理上的健康状况都远不如其他行业的同龄人。许多教师正在承受着越来越多的紧张与压力,身心疾患正在严重影响着这些教师的生活。那么,如何才能让广大教师克服身心疾患的困扰,快乐地工作、幸福地生活呢?其实,懂得如何快乐并幸福地工作与生活正是一个人真正成长的重要标志。

认知行为科学告诉我们,"认知、行为、情绪、生理之间存在互动系统",人的认知与感觉和思维有着密切的联系,从而影响人的行为。反之,行为能够影响思维和情绪。也即,如果人们能够学会改变自己的认知,那么其情绪也会随之发生变化;而且,某一个方面的细微变化(比如:当人一旦学习了某些简单的技巧并坚持应用后),将会给你生活的方方面面带来重大改变。其实，影响一个人身心健康的最大敌人其实是自己——自己错误的认知与行为。只要你能清晰地意识到这一点并尝试改变，你才有可能改变生活。只要战胜了自我，我们就会活得更加健康、快乐、自在。一个人真正的强大，来自内心的觉醒。

本人从自己失眠的治愈就深刻体会到掌握情绪调控、身心调节的重要性。它不仅治好了我的病，还改变了我对学习与工作的态度，点燃了我对未来生活的希望与信心。后来在我工作及生活过程中，我不断地应用这些来帮助更多的老师和学生。我撰写了《情绪自我调控的方法》一文，在班会课或年级会议上给学生开展讲座，效果良好；还撰写了《教师身心健康状况和实用减压的方法》《身心修炼的方法》《做一个幸福且快乐的老师》等文章，与老师分享后，能让老师在掌握身心修炼基本方法的同时强健身体、提升认知、增强自信心、增加正能量，从而越来越热爱本职工作。

我曾让因种种原因精神快崩溃的学生改变了认知，重拾信心，重新积极地投入到学习中来；也曾有学生因生活环境导致心理不健康，几乎无法坚持学习，许多科目不及格，学校要勒令其退学（有规定：师范学生连留级两年就必须自动退学），但因家长无法接受事实而以生命请求给其孩子机会时，学校向上级请示后，同意再给该学生一次机会。通过身心的调节，这名学生成绩全面提升，后来顺利毕业。在我要调离原学校时，学生给我留言道："老师，是您给了我第二次生命！谢谢您，老师！"

参加继续教育的老师在听完我的课后写道："欧阳老师的养生之道给了我们这些奋战在一线的教师们巨大的震撼，许多人平时只想努力工作干出点成绩，但缺少锻炼。今天听了'教师的身心调节与工作成效'（这堂课）之后，收获很多：生活要乐观、开朗，从容面对生活、学习，多结交朋友，提升自我修养。今后的工作及生活要兼顾，养生是为了工作、学习、生活更美好！"另一位老师这样写道："欧阳老师的'教师的身心调节与工作成效'这节课非常精彩，让人受益匪浅。自我调整好心态、放松呼吸法给我留下深刻的印象，今后的工作及生活要重视剖析自我，正确面对职业选择，养成良好的生活、工作习惯，做一个随和、快乐、健康的人。"有一位老师听完我的课后，经过半年的实践，惊喜地发现明显比之前精力充沛了。

这些事例一次又一次地告诉我们：身心调节是教师成长的有力保障。教师身心健康具有重要意义，其价值超越了教师的知识本身。学会自我身心调节的方法并努力践行，不仅仅是对自己负责，还是对家人负责，更是对学生负责、对学校负责、对社会负责的一种表现。

现在回过头来想想参加我继续教育课程的学员提到的问题："欧阳老师，究竟是什么原因使得您的学生一次次取得如此好的成绩？"似乎有了答案了：除了本人是一路在研究状态下工作，兢兢业业、一丝不苟，注重教学理念与模式的提炼、注重技能与方法的优化外，我更注重提升师生的认知，引导师生自我调整好身心状态。

认知、行为、情绪、生理之间是一个互动系统，一个人的身心状态远比方法和技能更重要。

心态对了，就不再憎恨厌恶、怨天尤人、愤世嫉俗、消极懈怠了，而是充满正能量，用积极、阳光的笑脸去迎接一切。

心态对了，就会提高自觉性、自律性和自主性，主动去克服困难、主动去改变不良习惯、主动去规划未来。

心态对了，就会主动加强学习和研究，主动去寻求优良的方法、主动去提升自身的技能、主动去改变师生沟通的艺术。

心态对了，情绪就好了，并且掌握了锻炼身体的正确方法，那么必然渐渐远离疾患的折磨，对未来、对生活更充满信心。

其实，本人在自我的成长过程，总有一些这样或那样的遗憾：既缺乏名师的引领，也缺乏系统的培养，更缺乏超前的信念与信心，所以一直以来都是在任务的驱动下通过自我的思考与研究中不断前行的。由于年轻时认知不够，所以没有明确的愿景，缺乏科学的规划，也没能高要求地克服自身的习惯与惰性，致使总结提炼不及时、不完整、不深入、不全面，浪费了许多宝贵的光阴，也导致了自我成长的缓慢。好在在开设深圳市教师继续教育课程及带领名师工作室成员的过程中，让我能回顾起那些影响一个人成长的关键因素。今天我将这些关键因素（包括我自己做得比较好的和我感觉有些遗憾的）整理归纳为以下六点：

（1）认知与规划。

（2）态度与习惯。

（3）理念与模式。

（4）技能与方法。

（5）教研与科研。

（6）情绪调控与身心修养。

以上六点正好构成了本书的框架，尽管这些看起来都是一些大家再熟悉不过的字眼，本人也没有大篇幅的理论阐述，然而其中的任何一个理念与做法，都是自己在教育教学中的心得感悟，并且经过实践的检验，是高效可行的。尤其是本人在身心调节方面的实践，影响了许许多多的人。一直以来我们广大教师的身心健康状况让人担忧，一些固有的心态、观念及行为习惯长期影响着广大教师的工作和健康。通过继续教育授课，本人在让广大教师掌握一套身心调节有效方法的同时，能够纠正一些错误的观念与认知、树立良好的心态与理念、养成良好的行为与习惯、学会必要的方法与技能，从而为教师健康、快乐且卓有成效地工作奠定基础。

当然，影响一个教师成长的因素还很多，本书中我只分享了自己体会较为深刻的六点。这普普通通、简简单单的六点却融汇了本人从教以来的思索和探究。相信能对渴求健康、快乐、幸福成长的老师有所启示与帮助，这也正是本人心中长久的期盼。由于有些研究尚不够深入，有些表述尚不够准确，敬请各位同行指正与海涵。

在本书出版之际，十分感谢深圳教育科学研究院叶文梓院长的关爱并为本书亲自作序《时代之呼唤：觉者为师》；感谢北京师范大学李春密教授、深圳教育科学研究院潘希武副院长和教师发展中心熊冠恒主任的悉心指导；感谢王建军校长和我工作室全体成员的大力支持；感谢曹愿民老师和周晖老师的尽心帮助；特别感谢我爱人和小孩的理解与支持。

作者书于深圳

2019年10月8日

目录

第六章　情绪调控与身心修养 \ 161

第一章
认知与规划

社会的变迁、科技的发展、时代的进步等都给中小学教师的生存状态带来了极大冲击，疲惫、迷茫、焦虑，甚至厌倦正困扰着部分教师。教师该如何面对自身的职业？认知行为学告诉我们：生命中唯一可依赖的就是改变。一个人改变自己的认知，那么其情绪及行为也会随之发生变化。改变生活的力量就掌握在自己手中。当教师对自身赖以生存的职业有了正确的认知时，其精神状态及行为表现也必将随之而改变。

积极面对教师职业是教师成长的基础。任何人潜意识中都有自己的价值追求。人的生涯可以说就是职业生涯；人生的价值从根本上说就在于他职业生涯方面的成就。没有不重要的工作，只有不重视工作的人。坦然接受并努力做好本职工作，人生才有起色。目标对人生有巨大的导向性作用。美好的人生需要由愿景来牵引，设定目标乃是成功的基石。对一个人来说，生命中最重要的活动就是工作。教师热爱教育职业，就等同于热爱自己的生命。当一个人将生命完全投入自己的工作中，必将让自己脱离平庸，一步步向更高的境界迈进。

积极面对教师职业是教师成长的基础

一、时代的发展需要教师的成长

所谓成长，主要有两种含义：一是长大；二是向成熟的阶段发展。而教师专业成长是指教师个人在教育思想、专业知识和教育能力等方面不断改进与提升的过程，即教师在教育教学生涯中，通过自主学习、培训交流和教学实践等活动，不断地提高自己在教育理念、学科知识、教学能力、教育管理、学生辅导、专业态度等方面的素养，成为一个良好的教育专业工作者的过程。

随着知识的更新、科技的进步、信息的应用和社会的发展，教育对教师的要求越来越高，一劳永逸地当好教师的时代一去不复返了。成为一名合格的教师，需要不断成长；成为一名出色的教师，更需要成长。这是教师职业最为突出的时代特点。随着时代的变化，这种"成长"的压力会越来越大，越来越迫切。面对时代的挑战，教师该如何面对每天赖以生存的工作，以适应新时代的要求呢？

二、教师生存现状引发的思考

教师每天面对的是天真无邪、活泼可爱、天使般的孩子，那恰恰是上苍的赐予。教师生涯充满乐趣、充满童真，这是一个伟大而神圣的职业。所以"人类灵魂的工程师""太阳底下最光辉的职业"等各种礼赞接踵而至，这既是人们对教师的一种良好的期许，更是社会赋予教师的使命与职责。近年来，中小学教师的生存状态有了一定的改善，教师的经济状况及专业化程度不断提高，教师职业得到了较大程度的认可和尊重。

然而，现实是复杂的，要赢得全面的认可和尊重必须社会和教师自身努力。随着时代的发展，社会对于教师的要求越来越高。教师为适应社会越来越高的期许，也正面临许许多多的挑战，如知识结构的变化、教育理念的更新、教学方法的改进、教学技术的提高、师生关系的调和、家校矛盾的处理、种类繁多的检查、各式各样的评比、社会的认知度及快节奏的工作方式等等，这些都给中小学教师的生存状态带来了极大的冲击。

2017年底，《当代教育家》杂志社通过微信平台发起了不记名"教师生存状况大调查"。4042名中小学和幼儿园教师真诚参与，从教10~30年的资深教师占比59%，从教5年以内的年轻教师和从教5~10年的教师各占比约17%，另外，还有从教30年以上的老教师，占比7%。在"职业焦虑"等调查中显示，高达46%的教师一年有几次糟糕的状态；17%的教师认为自己每天都会"精疲力竭，甚至害怕工作"；仅有5%参与调查的教师认为自己从来不会出现"精疲力竭，甚至害怕工作"的情况；有10%的教师明确表示已不再热爱教师这份职业。

可见，教师的真实生存状态并没有那么理想，反而有着说不完的心酸与无奈。让学生无忧无虑地成长背后，多少教师在负重前行。有些教师敬业爱岗、无私奉献、热情工作、成绩突出，却长期简单、枯燥地重复一样的工作，原地踏步而难以突破"瓶颈"；有些教师工作极其认真、高度负责，却不懂得放松调养自己，导致身心疲惫、不堪负荷而饱受病痛折磨；有部分教师因缺乏信心、激情尽失而得过且过；还有个别教师时常愤世嫉俗、焦虑厌倦，使得生活失去了应有的欢乐……相当一部分教师有了较严重的职业倦怠，这些教师对自己的职业和前途感到十分迷茫。教师的生存状态和进取精神在一定程度上令人担忧。

也许，你也有过以上的困惑。但是我想问一问，如果你面对这种囧况，是安守平庸、愤世嫉俗，还是思考如何改变目前这窘迫的状态？靠外力还是靠自己？答案不言而喻。作为支撑国家教育大业第一线的教师，自身的认知与态度相当关键。我们不妨问一问：这真是我们当初选择教师职业的初衷吗？这真是原本踌躇满志、豪情万丈的自己吗？这真是我们一直向往的生活吗？这真是我们该有的现状吗？当然不是！我能理解教师心中的焦虑、疲惫乃至厌倦，但我更相信教师绝不希望自己长期生活在这种状态之中。那么，我们就应该静下心来思考：

（1）我们应该如何来面对我们每天的工作？

（2）我渴望成为什么样的教师？

（3）我们该如何提升自我，以便更好地胜任工作？

（4）我们该如何成长为一名优秀的人民教师？

……

三、教师应该积极面对自身赖以生存的职业

任何人都不希望自己每天都必须从事的工作让自己哀怨痛苦，不希望自己赖以生存的工作让自己黯淡无华，不希望耗尽自己毕生黄金时光的职业让自己饱受遗憾，不希望自己无限憧憬的未来要用自己一个个万般无奈的今天去迎接……

那么，如果你还在坚守教师这份职业，请"为了自己和家人的幸福，放下焦虑与怨愤，积极面对自身赖以生存的职业环境，从善如流，改变自己，竭尽全力把工作做好，努力做一个成功的好教师，享受工作给自己带来的快乐"，这是唯一理性且正确的选择。因为认知行为学告诉我们：生命中唯一可依赖的就是改变。如果人们学会改变自己的认知，那么其情绪及行为也会随之发生变化。正如威廉·詹姆斯所说："我们这代人最伟大的发现就是，人们可以通过改变思想、态度来改变生活。"

所以，无论当初我们是主动选择抑或是被动选择了教师职业，出于职责与良知，我们都要"在其位，谋其政"。尽管有着诸多的无奈和心酸，但撇开权力与财富，教育的确是一项最具价值、最需智慧、最富有创意的事业。何况，教师的待遇正在逐步提高，更重要的是拥有高学历的教师除了谋生之外，还有价值的考量。认知心理学告诉我们：任何人潜意识中都有自身的价值追求，只是有些人被环境与现实击溃，几乎忘记了自己的"初心"。生命的意义不仅仅限于权力与财富。不要轻视自己的工作，世界上每一份工作都值得我们认真去做！因为一个人工作的质量往往决定其生活质量。改变生活的力量就掌握在自己的手中。一个人某一个方面的细微变化将会给自己生活的方方面面带来重大改变，可能极小的改变最终却带来极大的效果。没有不重要的工作，只有不重视工作的人。坦然接受并努力做好本职工作，人生才有起色！很多人渴望证实自己的优秀，却总是停留在梦想阶段，而不是从身边日常的工作做起，从而失去了很多展示自己价值的机会和走向成功的机会。而真正优秀的人将更多宝贵

的时间用在实际行动上。

人的生涯可以说就是职业生涯;人生的价值,从根本上说就在于一个人职业生涯方面的成就。热爱职业,就如同热爱自己的生命,这是人类伟大的操守之一。教师这个职业之所以神圣,是因为它要求从事这个职业的人投入其全部精力。童庆炳教授认为:"最优秀的教师是用尽生命的最后一口气来为学生服务的人。"真正的教师应该是用全部的生命抒写自己职业的人。教师的价值并不在于物质财富的多少,而在于我们让越来越多的学生进步与成长,为祖国培养出越来越多有用的人才。

既已选择,就好好珍惜;既已在岗,就好好努力!

正如蜜蜂的天职是采花酿蜜一样,教师的天职是培养好新时代的学生。如果你总是以糊弄的态度对待自己的工作,不认真对待它,那么你不仅会在工作上丢失很多,也会让自身失去应有的价值。只有执着于当下,固守自己的初心与岗位,全身心地投入,才能为自身的成长打下根基。生命中最重要的活动就是工作,面对任何工作,不管职位高低、富贵与否,我们都要抱着毫无条件接受的态度,将生命完全地投入自己的工作,只有这样,我们的人生才可能脱离平庸,一步步向更高的境界迈进。明白了这个道理,并以这样的态度重新对待自己的工作,工作就不再成为一种负担,即使最普通的工作也会变得意义非凡。

用规划引领未来

拥抱愿景是指一个人拥有坚定的人生信念，找到自己的人生目标，努力去实现自己的人生理想。人生要有愿景，成功始于愿景。

但事实上，我们绝大多数教师缺乏对教师职业生涯设计的概念和意识，不少教师对自己要达到什么目标、通过几个阶段达到自己的目标、现在的自己处于什么阶段等问题认识不清，有的甚至从来就没有这样考虑过。表现在工作上，或是顺其自然随波逐流，或是被动听从领导安排，以完成任务为目标，没有多少自己的追求。而当工作过程中遇到挫折时，往往归因于外部的环境制约，认为自己尽了力，没有办法克服困难。这样的结果往往是日复一日、年复一年，浑浑噩噩让时光悄然流逝，等到童颜已老，却发现自己只能在山脚下仰望他人，令人惋惜。

一、人生要有愿景，成功始于愿景

其实，一个人准备得越充分，幸运越会跟随而来。有很多人不愿意给自己定目标，是因为害怕失败所导致的失望，然而我们却淡忘了"设定目标乃是成功的基石"这一浅显的道理。因为设定目标可以锁定我们关注的焦点，使我们朝着希望的方向前行。

目标引领人生

哈佛大学有一个非常著名的关于目标对人生影响的跟踪调查，对象是一群智力、学历、环境等条件都差不多的年轻人，调查结果显示：

27%的人，没有目标；

60%的人，目标模糊；

10%的人，有比较清晰的短期目标；

3%的人，有十分清晰的长远目标。

25年的跟踪调查发现，他们的生活状况十分有意思。

那3%的人，25年来几乎不曾更改过自己的人生目标，他们始终朝着同一个方向不懈地努力。25年后，他们几乎都成了社会各界顶尖的成功人士，他们中不乏白手创业者、行业领袖及社会精英。

那10%的人，大都生活在社会中上层。他们的共同特点是：一些短期目标不断地被达成，生活质量稳步提升，他们成为各行各业中不可缺少的专业人士，如医生、律师、工程师、高级主管等。

那60%的人，几乎都生活在社会中下层，他们能安稳地生活与工作，但都没有什么特别的成就。

剩下的27%的人，他们几乎都生活在社会最底层，过得很不如意，常常失业，靠社会救济，并且常常抱怨他人，抱怨社会。

调查得出的结论：目标对人生有巨大的导向作用。

成功在一开始仅仅是一个选择。你选择什么样的目标，就会有什么样的成就，就会有什么样的人生。

人生可以暂时缺少财富，但人生不可以没有愿景。美好的人生需要愿景来牵引。没有愿景的人生如同驶入大海的孤舟，四野茫茫，没有方向，不知道自己将走向何方。有了愿景就有了方向，就有了期许、有了梦想。有了梦想的人生，才不会为一时小利所趋；有了梦想的人生，才不会为一时小碍所阻；有了梦想的人生，会咬定青山不放松，任尔东南西北风；有了梦想的人生，才会风雨无阻，日夜兼程；有了梦想的人生，才会笑对坎坷，所向披靡。

二、积极规划生涯，努力实现愿景

教师的一个重要信念是"只有教师的成长，才有高品质的教育"。为此，教师的愿景应该建立在自身专业发展、自我成长的基础上。"没有一颗心会因为追求梦想而受伤""心有多大，你的世界就有多大；心越宽，你将走得越远"。因而请跳出我们眼前狭隘的生活圈子，不要只看一时的利益，也不要只顾一时的快乐，更不能得过且过，要放眼全局、放眼未来，把你的目标定大——"或成为课改专家，或成为教学能手，或成为心理辅导行家，或成为班级管理能人，或成为杰出的行政人才"，应成为我们教师努力的方向。目标导引想法，想法引领行动，行动决定人生！那些做得多、成功得多的人，他们的梦想也多。当我们有了目标与方向时，整个世界就会为我们亮灯开路。

对于目标，我们可以是阶段性的选择，或终极性的投入；可以是阶段性的愿景达成，更可以是长期性的愿景实践。无论哪种形式，我们的愿景轮廓一旦成形，我们就要以稳妥的计划和不断的努力来实现自己的梦想！对于我们大多数中青年教师来说，仅教学方面可以做出如下规划：

（1）1～3年目标：合格教师，教学实践型。

（2）3～5年目标：优秀教师，师德实践型。

（3）5～7年目标：教学能手，理论实践型。

（4）7～9年目标：特色教师，管理实践型。

（5）9～12年目标：特长教师，学者型。

......

通常目标分为短期目标、中期目标、长期目标和人生目标。短期目标一般为1～3年（短期目标又分为日目标、周目标、月目标、年目标）；中期目标一般为3～5年；长期目标一般为5～10年。但无论是中长期目标还是人生目标都是靠短期目标的累积才得以实现的。每个有追求的教师，在确立自己中长期目标或人生目标的同时，更应着眼于落实自己的短期目标。例如，每一年要达到哪些具体目标。

（1）订阅两本本学科杂志。

（2）精读一本教育理论著作。

（3）上一节公开课或研究课。

（4）撰写数篇教学心得或教育叙事或教育随笔。

（5）撰写一篇教育教学论文。

（6）掌握与某一类学生交流的方法。

（7）形成一个正确的教育观点。

（8）投入精力对某一科研课题进行研究。

......

目标设计要合理，目标要数字化、具体化，要有一个时间期限，宜细不宜粗，注重点滴成就的积累。因为绚丽的人生不会一蹴而就，它是由一个个并不起眼的小目标的实现堆砌起来的。让我们把目标化整为零，用一个个小的胜利赢得最后的大胜利吧！当一个个小目标完全融入生活时，那么长期目标或人生目标的达成就只是时间问题了。

三、人生由愿景开始，成功靠渴望牵引

你心中有了远大的目标，还必须有实现目标的强烈渴望，心中还必须抱有"我一定要实现目标"的信念。当你真心渴望某样东西时，整个宇宙都会联合起来帮助你完成。渴望，决定了成功的速度；渴望，决定了成功的高度！渴望成功，就能焕发激情；渴望成功，就能加速成功；渴望成功，就能早日成功！对沙漠中的人来说，新生活是从选定方向开始的；而对现实中的人来说，新生活是从确立目标开始的。真心希望教师心中都拥有一幅宏伟蓝图，这样我们就会从一个成功走向另一个成功。

第二章

态度与习惯

　　工作是我们立身成事之本。一个人的工作态度折射着其人生态度，而人生态度决定着一个人一生的成就。态度是一种力量，态度胜于能力。人生就是一项自己给自己做的工程！我们每时每刻都在为自己建造未来生命的归宿。我们今天做的任何事情明天都可能会反馈到自己的生活之中！一个人的生存状况完全被自身的人生态度所牵引。事事处处都以良好的心态全情投入的人才能迎来美好的明天。当一个人把职业当成事业时，就一定能把职业做好，把事业做成！成功的过程就是把我们身边每一件简单而平凡的事情不断做好的过程。

　　教师专业成长的关键是心态。因为态度决定行为，而行为决定结果。不同的态度，成就不同的人生。工作态度产生的力量可以成就你，也可以摧毁你。取得成功、获得幸福只有一条路，那就是必须有卓越的态度。因为只有热爱本职工作的人才会被生活所热爱。阻碍我们成功的最大敌人其实是我们自己！好习惯是开启成功之门的金钥匙，而坏习惯则是一扇向失败敞开的大门。只要有100％的意愿，所有不良的习惯就都可以立刻改掉。只要我们能够战胜自我，调整好心态，养成良好的行为习惯，专注于心中的目标，全身心地投入工作，默默地无怨无悔地付出，那么幸运之神必将为我们开启成功与幸福之门！

树立正确的态度

一、关于心态

心态（本文中"态度"与"心态"同义），即psychology，心理状态。心理过程是不断变化着的、暂时性的，个性心理特征是稳固的，而心理状态则介于二者之间，既有暂时性，又有稳固性，是心理过程与个性心理特征的统一表现。

心态是指对事物发展的反应和理解，表现出不同的思想状态和观点。

影响心态的因素包括个人的成长过程、所处的现状、工作环境、生活压力、自信程度、身体状况、对工作的重视程度、认知状况及个人期望等。心态不同，则"三观"（职业观、幸福观、人生观）不同，价值取向不同！

二、不同的态度，成就不同的人生

1. 不良的态度将给自己带来苦果

老木匠的房子

老木匠准备退休，他告诉老板，自己要离开从事多年的建筑工作，回家与妻儿共享天伦之乐。

老板舍不得有一手好活的老木匠，再三挽留，老木匠仍执意离开。老板只得答应，并且问他是否可以帮忙再建一座房子，老木匠答应了。

在盖房的过程中，老木匠的心思已不在他手头的工作上了，还偷工减料，做出的活计也全无往日水平。老板并没有说什么，只是在房子建好后，把钥匙交给了老木匠。

"房子归你了，"老板说，"我送你的礼物。"

老木匠愣住了。他一时间惊得目瞪口呆，羞愧得无地自容。如果他早知道是在给自己建房子，他怎么会这样漫不经心、敷衍了事呢？他这一生盖了那么多好房子，只因为没有坚持负责到底，最后却为自己盖了这样一座粗制滥造的房子。

故事给我们的启示：我们每一个人都有可能是那个木匠，每天我们钉一颗钉子，放一块木板，垒一面墙，但往往没有竭尽全力。我们每时每刻都在为自己建造未来生命的归宿。人生就是一项自己给自己做的工程！我们今天做的任何事情明天都可能会反馈到自己的生活之中！我们今天做事的态度决定了"明天要住的房子"！今天一个不好的态度与行为有可能会在明天给自己带来不良的苦果。事事处处都以良好的心态全情投入的人，才能迎来美好的明天。

2. 工作是我们立身成事之本

美国石油大王约翰·洛克菲勒曾说过："……除了工作，没有哪项活动能提供如此高度的充实自我、表达自我的机会，也没有哪项活动能提供如此强的个人使命感和一种活着的理由。工作的质量往往决定生活的质量。"从这个意义上说，工作就是充实自我、表达自我、成就自我，是要用生命去做的事情。

一个人的工作态度折射出其人生态度，而人生态度决定一个人一生的成就。工作越多，付出越多，收获越大；懒惰越多，失去越多，收获越小。只有执着于当下，从点滴做起，从身边做起，全身心地投入，才能为以后的发展做出铺垫。你的工作，就是你的人生态度的投影，它的美与丑、可爱与可憎，全掌握在自己手中。只要我们始终抱有认真对待工作的心态，我们就会拥有越来越多的可供奉献的资本，获得越来越多工作所给予的奖赏。

在当今这个物欲横流、喧哗浮躁的社会里，许多人耻于谈梦想，满足于现状，甘于平庸，得过且过，日复一日，年复一年，把教育仅仅当作一种谋生的手段。其实，无论当初我们是自愿抑或是无奈地选择了教育，我们既然已经做了教师，而且目前也没有辞职或转行的打算与行动，我们就有责任和义务把教育工作做好。与其浑浑噩噩混日子，还不如扎扎实实干事情。因为一个人的生存状况完全被自己的人生态度所牵引。你在工作中所秉持的最重要的态度犹如一股无形的力量，影响着你的每一次选择，最后必将影响你一生的幸福。对于一个人来说，生命中最重要的活动就是工作，只有以认真的态度对待自己的工作，将生命完全投入自己的工作，才会有精彩的人生。

3. 成功者必须有成功的态度

态度是一种力量，态度胜于能力。

一个人的态度决定了他的行为，改变自己的态度就能改变自己的人生。一个员工的态度能够产生一种力量，这种力量决定了他对待工作是尽心尽职还是敷衍了事，而身在职场，这种力量直接决定了其能否成功。

教师专业成长的关键是心态。工作态度产生的力量可以成就你，也可以摧毁你。取得成功、获得幸福只有一条路，那就是必须有正确的态度。因为只有热爱本职工作的人才会被生活所热爱！

有了正确的态度，才能明确地知道人生胜出的发展方向。只要我们想使自己的专业得到发展，想成为一名优秀教师或有所作为的教师，那么，什么时候行动都不晚。齐白石四十岁才开始学画画，最终成为一代名家；余映潮五十岁才开始上公开课，后来也誉满全国。所以，我们当教师就要有教师的梦想。有梦才能充实，有梦才有希望，有梦才有作为，有梦才有可能实现人生的价值追求！当一个人把职业当成事业时，就一定能把职业做好、把事业做成！成功的过程就是把我们身边每一件简单而平凡的事情不断做好的过程！

养成良好的习惯

一、成功者需要养成良好的习惯

当一个人有了正确的态度之后，要想成功，还必须养成良好的习惯，因为习惯左右成功！心理学家告诉我们，人类90%以上的行为都是习惯。长期以来，你养成了一整套牢不可破的习惯，决定着你生活中的方方面面——从你的工作到你的收入，再到你的健康，最后到你的人际关系。

"每个人天生的才能，其实差距并不大"，然而为什么我们有些人诸事不顺，什么都做不好？因为你还没有养成好习惯。而且，我们对自己一些司空见惯的行为举止给自己带来的影响还没有足够的认识。好习惯是开启成功之门的金钥匙，而坏习惯则是一扇向失败敞开的大门。正如俄罗斯教育家乌申斯基所说："好习惯是人在神经系统中存放的资本，这个资本会不断地增长，一个人毕生都可以享用它的利息。而坏习惯是道德上无法清偿的债务，这种债务能以不断增长的利息折磨人，使他最好的创举失败，并把他引到道德破产的地步。"

可见，习惯决定命运！一个人的行为习惯对他的发展有何等重要的影响！在工作中，良好的习惯有助于你在日复一日的努力中自然走向成功。而不好的习惯，则会使你的智慧与能量在不知不觉中消耗殆尽。改掉坏习惯，建立好习惯，是一个人事业成功的第一步。

二、习惯的改变靠意愿，而不是靠方法

你当前养成的一切习惯造就了你当前的结果。不管你愿不愿意，如果你想更成功，你都必须丢弃一些旧习惯。有人认为习惯既已形成，就很难改变、无法改变，"江山易改，本性难易"。果真如此吗？

有一个中年男人吸烟吸了多年，经常咳嗽，许多人都劝他戒烟，他自己也想戒，可他尝试了许多方法，怎么都没能戒掉。有一天，在做身体检查时，X光透视发现他肺部有一块状阴影，医生初步怀疑是肺癌，并说可能与长期吸烟有关。他得知后，当即就将手中的香烟扔掉，从此后再也没有吸过烟。所幸的是在半年后的复查中他肺部的那块阴影几乎消失了，原来他肺部的那个阴影是炎症阴影。

可见，习惯的改变靠意愿，而不是靠方法。只要有100％的意愿，所有不良的习惯都可以改掉。所有的失败只有一个原因，那就是成功的意愿不够强烈。许多人戒烟、戒赌、戒懒惰、戒游戏、戒骄躁、戒贪睡、戒吵架、戒办事拖拉、戒浪费时间，失败的原因不是方法问题，而是吸烟、赌博、打游戏、睡懒觉、办事拖拉等给他带来的痛苦还不够，还不足以激起他们立即逃避痛苦，因而还没有足够强烈的改变意愿。当他们对这些不良习惯可能带来的痛苦与危害有足够的认识和惧怕时，他们就会立刻戒掉。

三、成功教师的八项习惯

那么，我们应该养成什么样的习惯呢？

成功是一种习惯，失败也是一种习惯。要成功其实并不难，只要重复简单的事情，养成好习惯，如此而已。以下归纳出许多成功教师价值连城的好习惯，作为我们学习的榜样。

习惯一：专注于目标，每天优先做好最重要的事

成功者在任何阶段都有既定的"核心目标"，而在每一天又有"一日计划"。每天将待办的事情根据轻重缓急排出顺序，然后有条不紊地进行。专注于核心目标，把时间用在刀刃上，将重要的必须要办的事情优先做好。只有专注如一，才能把自己的时间、精力、智慧凝聚到自己所从事的教育事业上，才能挖掘出每个人潜在的智慧，最大限度地发挥每个人的主动性、积极性和创造性，才能成就伟业！

习惯二：掌握时间管理技巧，提高单位时间利用率

应按时上下班，准时参加各项活动，不轻易侵占他人时间，而且办事不拖拉，今日事，今日毕。惜时如金，充分利用零碎时间。

清楚地界定近期目标，并制订一周计划表，每天检查一遍，将已经完成的

事项删去。设定期限，如期完成工作，这是时间管理的重要标志。

给自己留些时间，让情绪有疏通的渠道，这对时间管理和压力管理都有好处。

习惯三：坚持写日记

苏联教育家苏霍姆林斯基就是从写教学日记开始，不断地摸索总结，勤奋写作，一生写了40多本书，100多篇论文，1000多篇童话和短篇小说，最终成为世界著名的教育家。

用日记来记录当天的重要事件和成长心得，用日记来总结经验、反省过失，用日记来明确目标、规划未来，用日记来管理时间、集中精力、抓住大事……写日记就是在善待生命、设计生命，日记是成功者必备的条件。持续写日记不但不会浪费时间，反而会得到超乎想象的报酬，是一项极具价值的投资。坚持写日记，养成习惯，久久为功。

习惯四：注重学习，积累资料，提高自身素质

苏霍姆林斯基在《给教师的建议》中说道："我给自己定了一条规则，就是要不断注视跟学校教学大纲有关的那些科学的最新成就和进展。……每一门科学或者一个科学问题分别使用一个笔记本，里面都有几千条从杂志里摘录的材料和从报纸上剪下来的资料。"

我们正处于知识爆炸的时代，据专家测算，人类的知识目前是每三年就增长一倍。为了跟上时代步伐，适应课改潮流，胜任教学任务，教师必须自觉地坚持学习，视学习为一种生活方式，视学习为一种生命状态，视学习为人生的必然选择，视学习为生活的良好习惯，生命不息，学习不止，活到老，学到老，并且养成"不动笔墨不读书"的习惯，不断积累教学资料，在学习中积累，在积累中提高。为此我们可以规定：每学期读新书五本（每月读一本），每周查阅教育杂志、报刊，每日读一份报，收集有关素材并写好读书笔记。

习惯五：勤奋苦练基本功

美国高尔夫名将盖瑞·布雷尔，有一次在比赛时挥出完美的一杆，旁人问他："要如何才能像你一样好？"盖瑞·布雷尔回答："我每天早上起来挥杆1000次，双手流血，包扎过后继续挥杆，连续挥了30年。""你愿意付出每天起来挥杆1000次的代价吗？重复一模一样的动作？"盖瑞·布雷尔反问。

"业精于勤而荒于嬉"。优秀教师除了必须具备一定的文化知识和理论素

养外，还必须具备较好的教学技能，如语言表达能力、课堂驾驭能力、交流沟通能力、实验演示技能、信息技术能力、板书绘画技能等，任何一项基本技能都将对我们的教学效果产生影响。教师必须在日常生活中苦练"三笔"字、普通话、实验操作、电脑技术等，不断锤炼，提高技艺。

习惯六：要有极佳的倾听能力

"如果教育者希望从一切方面去教育人，那么就必须从一切方面去了解人。"教师要善于倾听学生的心声，把住学生心灵的脉搏。倾听并非听对方说的话，而是听对方话中的意思，切忌中途打断学生的讲述或主观武断曲解学生的意思。教师要经常带着朋友般的热忱与亲切来聆听学生的倾诉，定能发现谬误中蕴含的新奇、琐屑中寄予的真切、荒诞中的合理。

习惯七：积极撰写教学案例

我们工作生活中有那么多的困惑，那么多的疑虑，那么多的激动……由于我们懒于动笔而早已烟消云散，在我们心里没有留下任何痕迹。"学校无小事，事事皆学问；教师无小节，节节是楷模。"魏书生老师博大精深的教育思想无一不是源于身边每一个细小的活动，他就是把教书育人的每一件小事当作大学问来研究，当作艺术来追求。

可以说世上什么都能做学问，世上什么也都能做成学问。要想有所成就，就要让自己做一个"有心人"，留意身边的小事，捕捉生活中的"火花"：这堂课为何成功；那堂课为何失败；一直头痛的事今天是如何解决的；一个很顽固的学生是怎样转化的；你的小孩今天为什么很乖；你是如何劝动自己的小孩喜欢学英语的；你是如何帮助学生克服心理障碍的；你是如何与亲友进行较好的沟通的；这道难题是如何解决的；这个难点你今天是怎样突破的……不管工作中的还是生活中的，把每一次喜悦、每一次感动、每一次成功、每一次惊奇都作为一个教学案例记录下来并加以分析，从积累教学现象、积累自己的感受、积累自己的思考开始，把这些随时积累起来，将自己那些最精彩的东西写出来，就是一篇好文章。那些震撼自己心灵的东西，对读者自然也会产生强烈的心灵震撼。通过写教学案例，让自己的成长过程有迹可循，让自己在思考中丰富、深刻与成熟。

习惯八：努力锻炼身体、放松身心

在社会竞争越来越激烈的今天，教师负担重、压力大，还时常会遇到挫折与失意，这一切都要求教师有强健的体魄和健康的心态。为此，教师必须学习如何将体能保持在巅峰状态，身心体能处于巅峰状态才会有行为表现的巅峰。我们可以在每日清晨做柔软体操，接着自我暗示，安排一天的工作。下午再打一场球，晚上睡觉前再放松身心、练练气功。魏书生老师不仅自己每天坚持跑步、练气功，而且带动全体学生做俯卧撑、仰卧起坐、练气功。这样的锻炼不仅锻炼了身体，更重要的是锻炼了意志、舒缓了压力、净化了心灵、强化了精神、增强了信心、提高了境界！

　　过去你做得不好，不是你不能够做好，而是你没有去做好；不是不能改变，而是你没有去改变。只要你愿意改变并相信自己能够做好，你就一定会做得很好。

　　美国心理学家威廉·詹姆士说道："播下一个行为，收获一种习惯；播下一种习惯，收获一种性格；播下一种性格，收获一种命运。"任何一个不良习惯不仅影响一个人的现在，还将影响一个人的未来。我们应该痛下决心，坚决改掉不良习惯，养成良好的习惯。每天改进一点点，习惯成自然，成功自然来！

第三章

理念与模式

　　社会的发展与进步对未来劳动者的素质提出了更高的要求。中国传统教育模式下培育出的学生难以满足当今社会对创新型人才的需要，这必然要求教育改变传统的教学模式。作为基础教育的中小学教育改革势在必行。教育改革的核心是课堂教学改革；课堂教学改革的关键是课程实施者（教师）的转变。2011年版《义务教育物理课程标准》（以下简称《课标》）提出的基本理念是：注重全体学生发展，改变学科本位观念；从生活走向物理，从物理走向社会；注重科学探究，提倡学习方式多样化，注重学科渗透，关心科技前沿；构建新的评价体系。

　　为此，教师应在教育理念、教学方法和教学行为上做出相应的改变。教师应该坚持以生为本，落实科学发展观，树立"尊重个性差异，注重多元评价；关注生命成长，促进全体发展"的教学理念；加强与学生的沟通与交流，构建和谐、平等、民主的课堂教学环境；不断提升专业素养，以科研兴教为先导，以课堂教学改革为突破口，探寻适合学生成长的教学模式，创造适合学生发展的教育；从学生的心理特点和认知规律出发，创设有利于学生发展的教学情境，充分发挥学生的主体作用，突出学生自主探究过程，给予学生更多自主发展的时间和空间，使学生学会自主学习，注重情感体验，加强交流合作，提高实践能力，培养创新精神，全面提升学生的学科核心素养，为学生的终身发展奠基。本章中的"自主互助学习法"教学模式正是在这种情形下推行的，而且在教学实践中，我突出的教学成就也很好地印证了该教学模式的可行性和实效性。

新课标下物理教师应有的转变

当今社会是信息社会、科技社会、教育社会。现代社会最需要的人才是富有开拓创新精神的人才，而中国传统教育模式下培育出的学生难以满足当今社会的需要，新课程改革势在必行。《课标》提出的基本理念是：注重全体学生发展，改变学科本位观念；从生活走向物理，从物理走向社会；注重科学探究，提倡学习方式多样化，注重学科渗透，关心科技前沿；构建新的评价体系。课程目标包括知识与技能、过程与方法、情感态度与价值观。那么，在此情形下物理教师该做些什么呢？作为课程实施者的物理教师，我们在教育理念和教学行为上应该有积极的转变。

一、物理教师应有的教育理念的转变

（一）树立"以人为本"的育人观

传统课程以教师为中心，教学中有许多弊病。例如，强调共性，忽视个性；重视知识的传授，忽视能力的培养；重视学习结果，忽视学习过程。课堂上教师"一统天下"，那种"一言堂"、专制式、强迫型的教学方式随处可见，学生成为完全被动接受的"容器"，扼杀了学生学习的激情与兴趣，使学生失去应有的主动性和创造力。

根据《课标》的要求，教师在教学中应该始终体现"学生是教学活动的主体"这一观念。坚持这一观念，才能切实关注学生的"个体差异"，才能树立"以生为本""一切为了每一位学生的发展而奠基"的育人观。由"关注学生所学习的知识"转向"关注学习知识的学生"，以学习者为中心，从学生的心理特点、认知规律出发，创设有利于学生发展的教学情境，因材施教，让学生在活动中体验生活、感受学习。重视对学生终身学习愿望、实践能力、探究能力、创新意识及自我信心的培养，着眼于学生良好的学习兴趣、学习习惯及科学精神的养成。教师在课堂中与学生的关系是参与、合作、引导的关系，而不要居高临下，唯我独尊，允许学生有不同的学习方式和表达方式。教师要成为学生探索新知识的好伙伴，多鼓励学生，让学生能够充分发挥自己的个性特长，施展自己的才华，主动探究并不断获得成功的体验。

（二）树立"全面开放"的教学观

开放式教学模式是相对传统课堂教学模式所提出的新的课堂教学模式，它以"学习者为中心"的思想为核心，注重激发学生的学习兴趣、满足学生需要，使每一位学生都得到充分的发展。开放式教学应该是全方位的、多角度的。该教学模式主要有以下四个特征。

1. 人文环境的开放

人文环境的开放要求教师营造和谐、民主、平等、适合主体性发挥的教学氛围，以激发学生参与各种学习活动的热情，帮助学生养成一种积极的、自由的、独立的探索心态。

2. 时空环境的开放

时空环境的开放要打破传统封闭的教学时空限制，由教师根据教育目标和教学内容选择教学时空。在时间上，不求一定在课堂上得出结论，而是可以将某些问题留给学生在课外继续探求；在空间上，不能仅仅局限于课堂和学校，要将课堂引向社会和大自然，利用更为广泛的外部资源优化教育环境。

3. 教学内容的开放

开放的教学内容不局限于物理概念、规律和公式，不局限于考试范围。在教学实践中，教师具有充分的自主权，可以把纷杂的社会、可爱的自然引入教学，让学生有"物理就在身边"的亲切感和熟悉感。在使用教材时不唯教材，教师有权大胆地、合理地改编、调换、删补与本学科有关的教学内容，注意学科渗透、注重发展简史、关心科技新成就，引导学生通过社会调查、劳动实践等方式，拓展学习内容，丰富社会阅历。

4. 教学过程的开放

要打破以问题为起点，以结论为终点的教学模式。教学的根本目的不是告知结论、教会解题，而是在探究和解决问题的过程中培育兴趣、激发思维、发展能力，进而主动寻求、发现及探究新的问题。开放式教学要求以认识规律恢复"过程"的本来地位，理顺"过程"与"结论"的关系。

（三）树立"不断提升自我专业素养"的进取意识

"振兴民族的希望在教育，振兴教育的希望在教师！"只有高素质的教师才能培育出更多高素质的学生！教师应该树立不断提升自我专业素养的进取意识，以适应新时期素质教育的需要。自我专业素养的提升可以从以下三方面进行。

1. 学习

教师的工作性质决定了学习应成为一种常态的生活方式。学习的途径：向专家学、向同行学、向学生学、向书本学、向媒体学、在网络上学、在实践中学……通过学习才可能使自己逐步拥有完善的物理学知识体系、广阔的知识背景、厚实的文化底蕴、娴熟的教学技能等。可见，坚持不懈地学习是促进教师专业成长的法宝之一。

2. 反思

教学反思是教师对自己工作生活的自我观察，对自己的教学行为及由此所产生的结果进行审视和分析。它既包括对教育教学行为的反思，也包括对与之相应的潜在的教育教学观念的反思，还包括对教师专业发展的反思。教学反思的方法有写教学日记、观看教学录像、与同伴互评与交流、听取学生的反馈意见等。反思是教学理论与教学实践之间的对话，是教师获取实践知识、增强教育能力、生成教育智慧的有效途径。

3. 科研

教育科研能够帮助教师更新教育理念和提升解决实际问题的能力。物理教育研究的内容大致可分为六个方面：物理教材的研究、教学方法的研究、物理学习心理和学习方法的研究、物理实验的研究、物理课外活动的研究、物理教育媒体的研究。通过物理教育科研可以指导物理教育教学改革，适应课程改革的需要；提高物理教学质量，适应社会发展的人才需要；提高物理教师素质，实现自我提升的需要。科研是教师成长并由此走向幸福的必由之路。

二、物理教师应有的教学行为的转变

（一）构建和谐、平等、民主的课堂教学环境

和谐是心灵沟通的桥梁！和谐课堂是指在课堂教学中，师生之间营造的一种民主、平等、愉快、积极的教学氛围。构建和谐课堂，就要为学生创设民主、和谐的课堂环境和自主参与的教学情境。而当学生在此情境中以一种愉悦的心情学习时，学生的思维流畅，探究的热情和创新的灵感大大增强，学生的主体地位得以充分体现。那么，如何创设民主和谐的课堂呢？

1. 要营造轻松融洽的情感氛围

情感是教学的催化剂，爱是教育的原动力。在平时，教师要平等地对待每一位学生，与学生多沟通，主动关爱学生，做学生的"知心朋友"，并努力历练自己良好的品行，激发学生对自己的信任。在课堂上，教师温雅的情绪、幽默的教态、甜甜的笑容、信任的眼神、鼓励的话语及真诚的赞美，都会从心灵深处感染学生，激发学生学习的欲望，最大限度地激发学生学习的激情和创意。

2. 要精心创设良好的教学情境

在课堂教学中，恰当地、巧妙地设置各种良好的课堂教学情境正是营造和谐课堂氛围的有效手段，能让学生不知不觉地进入学习状态，让学习活动成为学生发自内心的需要，在合作探究的过程中提高分析问题和解决问题的能力。例如，在教授《物理·机械运动》一节课时，我们可以这样创设情境："今天，老师和大家一起去旅行，让我们在从深圳到上海的旅途中来学习几个物理量"，从而引出机械运动、路程和参照物等物理概念，让学生在愉快的教学情境中学到抽象的物理知识。

3. 要给予每一个学生信任与尊重

尊严是师生沟通交流的一道门槛，只有被尊重，才会有理解与信任，才会有合作与配合，才会有认同感和归属感。教师一定要尊重全体学生：尊重学生的个体差异、尊重学生的个人意愿、尊重学生的兴趣爱好、尊重学生的选择权利。在每一个学生都能得到尊重的课堂里，所有的学生都觉得自己是集体中的一员，彼此接纳，相互支持，学生也能因此轻松地、愉快地投入学习。

4. 要让每一个学生都获得成功的体验

帮助学生成功是每一位教师的义务。正如苏霍姆林斯基所说："成功的欢乐是一种巨大的情绪力量，它可以促进儿童好好学习的愿望。请你注意：无论如何不要使这种内在的力量消失。缺少这种力量，教育上的任何巧妙措施都是无济于事的。"因此，在和谐的课堂教学中，教师应积极关注全体学生，努力创造学生参与的机会，让学生在参与中学有所获，不断地获得成功的体验与喜悦。

5. 要充分发挥学生的主体作用

课堂教学民主的关键是发挥学生的主体作用，只有充分发挥学生的积极性、主体性，激发学生的潜能，让他们学会学习，这样才有可能实现教学民主。教师的主要责任是用各种不同的教学手段与方法，给学生创造最佳的学习氛围，充分调动学生学习的积极性，培养学生主动参与的意识，从而促进学生智力的发展、综合素质的提高及创新能力的提升。

（二）推行"以探究为主的动态生成"教学法

《课标》指出，物理课程应改变过分强调知识传承的倾向，让学生经历科学探究过程，学习科学研究方法，培养学生的探索精神、实践能力及创新意识，改革过去以书本为主、实验为辅的教学模式，提倡多样化的教学方式。

科学探究是物理教师应积极推行的教学方式之一，它可以应用于物理教学的各个环节。那么，如何引导学生进行探究呢？在课堂上以学生为主体，教师积极营造探究氛围，创设探究情境，启发学生质疑，让学生自主观察、调查、实验、分析、交流，让学生在获得物理知识、掌握物理规律的同时，体验和领悟科学家们探究自然现象的方法。鼓励学生的新发现、尊重学生的新见解、支持学生提出新的探究问题，充分发挥学生的主体作用，使学习成为在教师引导下学生自主的、个性化的探究过程。

例如，在《透镜及其应用》这一章的教学中，教师先不讲凸透镜成像规律，而是在引导学生学习完透镜的分类及透镜对光的作用后，通过课件让学生看到凸透镜可以成三种不同的像，然后让学生分组研讨"探究凸透镜成像规律"方案后进行分组实验，并由各小组分析各自实验数据而得出成像的条件，最后由师生共同分析多个小组数据后总结出凸透镜的成像规律。这种"发现—猜想—假设—实验—总结"的探究式教学模式能真正调动学生的主观能动性，激发学生参与、思考、创新的热情。

《课标》将科学探究分为七个要素，教师可以据此设计探究计划。但是，在设计过程中应避免僵化地套用固定的探究模式，将探究教学单一化、标准化、模式化。教师要采用灵活多样的探究式教学来引导学生学习方式的转变，注重完整探究和不完整探究、课内探究和课外探究、小组探究和个体探究、实验探究和演示探究等的结合。对于学生来说，最重要的不再是接受并存储知识，而是学会探究，以便为终身发展奠定基础。

课堂常有许多突发性、偶然性、可变性和不确定性，教师应根据教学需要，恰当地采用讲授、讨论、演示等方法，做到兼容并蓄、取长补短；同时要为学生的探究与交流留下足够的时间和空间，减少预设的限制，为教学的动态生成创造条件，让师生的灵感与创造力在自然中显现。教师要以教学方式的转变促进学生学习方式的转变，引导学生自主学习、探究分析、合作交流，提升学生的科学素养和解决实际问题的能力。

（三）创造性地使用教材

《课标》要求教师在使用教材时把"教教材"转变为"用教材教"，并能创造性地使用。教材的权威地位已经被打破，从教学唯一的依据转变为教学的依据之一，从不容置疑的知识权威转变为仅供参考的知识载体。为此，教师可以从以下几方面进行调整。

1. 教师应恰当地调整教材

教师要挖掘学科的育人价值，适时渗透物理科学发展史或引入与物理有关的科技成果，使课堂教学更充实而富有新意。例如，适时地介绍我国古代指南针、火箭的发明到现代的磁悬浮列车和神舟飞船成功收回，有助于培养学生的爱国热情，提高学生学习物理的积极性。必须拆除阻隔学校与社会、课程与生活之间融会贯通的藩篱，融学校教育、家庭教育及社会教育为一体，形成良好的教育氛围。由于教材中很难体现地区差异，教师应结合本地域情况、学生差异及生活实际开发教学内容，激发学生的学习兴趣，如在学习比热容的概念之后，由于深圳属临海（水资源丰富）城市，可以提出"为何深圳的气温夏天时不会太热，冬天时又不会太冷？"的问题让学生讨论交流，极大地激发了学生的探究热情。

2. 教师应做好教学资源的开发

教师应该自主开发教具，这样既可缓解教具的紧缺，又能满足教育创新的需要。例如，在《压强》教学前，师生可以一起制作教具"踩蛋器"。又如，一个普通的注射器，就可以完成以下几个演示实验：大气压的存在、物体的浮沉条件、抽水机的原理、气体的液化办法、气压和沸点的关系等。从制作的过程中让学生体会物理其实就在他们身边，激发他们对科学的探究兴趣。教师还应结合实际情况，充分利用多媒体模拟演示难度较大的或教室里无法完成的实验，创设教学情境，将学生引入情境之中。例如，在讲《浮力》这节课时，运用多媒体先播放《泰坦尼克号》的片段，然后提出相关问题，容易激发起学生的学习的兴趣。教师应组织大家分工协作，开发好各种资源，并推动资源共享。

3. 教师应注重学科渗透整合

传统的教材从素材或内容上来看，偏重知识资源特别是学科知识资源的开发，忽略各学科知识间的相互渗透与融合。不管各科怎样分门别类来教育，在一个学生身上最终都要发生整合的作用，因此，教师要构建先进的课程观，积极开展学科间的渗透教学。在物理教学中要注意与语文、数学、经济、化学、美术、音乐等学科的渗透，以弥补教材结构单一的缺陷。

4. 教师要恰当运用教材中的各种栏目来开展对应的特色活动

物理教材中有一些固定的栏目，这些栏目的设置蕴含着教与学的方法，体现了《课标》的理念，教师要分析教材的栏目功能，研究教材的编写意图，用好教材中各种栏目的教学资源，恰当地选取素材来开展一些特色活动。例如，"想想议议"栏目可以安排辩论赛；"想想做做"栏目可以安排小制作比赛；"科学世界"栏目可以安排演讲活动；"动手动脑学物理"栏目可以安排社会实践活动或科技小论文比赛；等等。通过这些活动可以使教学形式多样，有利于激发学生探究的热情。创造性地使用教材是教师角色转变的重要标志：通过物理教材处理方式的创新来实现物理教学方式的创新。

（四）注重对学生进行多元化的评价

传统的课程评价通常是以知识为中心的评价，以学生的学业成绩作为评价的唯一尺度，这种评价重结果、轻过程，过分地强调甄别与选拔的功能，忽视改进、激励与促进学生发展的功能。

美国发展心理学家加德纳在《智力结构》一书中提出了多元智力理论。

认为人的智力不是单一的，而是体现在多个方面，主要包括语言智力、运动智力、数理智力、空间关系智力、节奏智力、人际交往智力、自我反省智力、自然观察智力和存在智力九种。每个人都同时拥有这九种智力，只是这九种智力在每个人身上以不同方式、不同程度组合存在。评价的目的不是证明学生的能力，而是促进学生各方面的不断提高。

多元智力理论为我们重新认识评价问题提供了新的启示：对学生的评价应以学生发展为宗旨，关注个体差异、关注学生成长的过程、关注全体学生的发展，将评价有机地融入教学过程中，多主体（学生本人可以作为评价主体之一）以多样化的评价方法（量化评价与质性评价有机结合）、以多元化的评价标准（绝对标准、相对标准和个体标准相结合），对全体学生的综合素质做出客观、公正、发展的评价。

《基础教育课程改革纲要（试行）》对课程目标及评价理念有明确的表述："建立促进学生全面发展的体系。评价不仅要关注学生的学业成绩，而且要发现和发展学生多方面的潜能……"《课标》根据这些要求，明确地把"在课程评价上强调更新观念，促进学生发展"作为课程评价的基本理念，即"初中物理课程应该改革单一的以甄别和选拔为目的的评价体系。在新的评价观念指导下，注意过程评价与结果评价结合，构建多元化、发展性的评价体系，以促进学生素质的全面提高和教师的不断进步""将评价主体由单纯的他人评价转向多主体评价，使评价活动变成学生主动参与、自我反思、自我教育、自我发展的过程"。

"自主互助学习法"在中学教学中的应用

一直以来，传统的"填鸭式""讲授式"教学，简单枯燥、单一陈旧，注重同一知识的不断重复训练，强化学生的"死记硬背"，学生完全处于"你讲我听""你教我学"的被动地位，而教师缺乏有效的激励措施、调控手段，很多学生心不在焉，参与面小，参与方式单调，学生自主学习、合作学习及探究性学习的积极性没有被调动起来，缺乏应有的学习兴趣与热情。

正是由于传统教学重知识传授轻能力培养，重理论灌输轻实践操作，重学习成绩轻精神情感，重学习结果轻探究过程，导致教师不胜其苦、学生苦不堪言，严重地挫伤了学生学习的积极性，扼杀了学生的灵感与创造力，这也正是当前素质教育和课程改革要解决的问题。我们坚持以人为本，落实科学发展观，牢固树立"关注每一个成长的生命，创造适合学生发展的教育，为学生的终身发展奠基，使每一个学生都获得成功"的教育思想，以科研兴校为先导，以课堂教学改革为突破口，以培养学生的创新精神和实践能力为核心，全面推进课程改革，对新的教学模式——"自主互助学习法"进行了积极的尝试。

一、解读"自主互助学习法"

"自主互助学习法"是自主性与合作性相结合的一种综合学习方法，即在教师的精心组织下，充分发挥学生的主观能动性，让学生通过自主学习来主动获取知识、通过小组互助来协助完成相关活动或解决所遇到的疑惑，从而实现通过互帮互助、优势互补的方式来促使小组每一位成员共同发展的一种教学模式。"自主互助学习法"在教学活动中充分体现了师生互动、生生互助的教师主导作用和学生主体作用；它能让学生有更多的机会，全方位去实践、去体悟；它把竞争机制引入教学中来，最大限度地挖掘学生潜能，面向全体学生、培优扶差、优差互促，全面提高教学质量。

我们在教学中一般以"自主学习"为主，"互助学习"为辅。通过"自主学习"来弘扬学习的主体性和自主精神，以激发学生的自主意识，培养学生的责任感与使命感，养成良好的学习习惯，使学生在学习中提高阅读、判断、分析、归纳和总结的能力，促进学生学会自学，为学生的终身发展奠基；而"互助学习"即强调学习中的交往、互动与分享，有助于培养学生的合作精神、团队意识和集体观念，使学生学会倾听、学会观察、学会尊重、学会欣赏、学会交流与合作等。

二、"自主互助学习法"的实施策略

1. 自主互助学习小组的编排及注意事项

（1）把一个班级的学生按成绩分成1、2、3、4四个层次，先从各个层次中各选一人，组成"四人小组"（每个小组一般为4人，个别小组为3～5人）。

（2）在搭配组建各个小组时应充分考虑文理成绩、性格特点、男女比例、能力特长、行为表现等各种因素，尽量做到均衡协调，便于开展小组竞赛时更具竞争力。

（3）对应组员分别为1号组员、2号组员、3号组员和4号组员，组长可以小组自己选定，但根据实践经验我们觉得定1号为组长较好，因为1号成绩较好，容易建立威信，而且1号一般习惯较好、责任心较强，会主动开展工作。

（4）让各个小组给自己起一个具有激励意义的小组名字，如鸿志组、希望组、创新组、夺冠组、争先组、奋进组、奔月组等。

（5）由小组长根据组员的意向，报经教师同意，允许组与组之间互换同层次的组员，确保小组形成亲密和谐、互相信任、互相帮助的小群体。

（6）课堂教学用的座位安排要以方便开展小组活动为原则，将同组的组员集中编在一起，定期以小组为单位调换座位。

2. "自主互助学习法"管理细则

为了快捷地了解学生情况，客观地反映学生状态，规范全体学生的学习行为，激励学生自主学习，营造比、学、赶、帮的氛围，培养学生的合作意识，实现学习上的高效率、教学上的高质量，特制定"自主互助学习法"管理细则：

（1）预习情况特别好的（除了书上有标记或有书面预习纲要外，还收集了相关资料）每人次+1分；没有预习或没有认真预习者每人次–1分。

（2）作业答题有创意者+1分；抄作业、作业不认真、作业很多没有做完及作业迟交者–1分；不交作业者–2分。

（3）课堂上回答问题正确者+1分、错误者–1分；提出有代表性的问题或建议者+1分；帮助其他小组解答疑难问题者+2分；积极发言或上讲台讲授新课者+1~3分。

（4）不按要求准备学习工具、资料者–1分；课堂上有任何违纪行为者（如不认真听讲、东张西望、睡觉、乱讲话、破坏公物等）–1~3分。

（5）给全班同学做演示实验时既能规范操作，又能很好地分析实验现象及得出正确结论者+1~5分。

（6）主动利用身边的材料设计实验来验证相关规律者+3~8分。

（7）小组成员能够相互帮助、取长补短，讨论交流活动组织得较好者每个组员+1分、组长+2分。

（8）小组长工作失职或拖拉者–1分，而当月被评为优秀小组时每个组员+1分、组长+2分。

3."自主互助学习法"考核办法

（1）只要有个人成绩的项目，都计入小组成绩。

（2）小组成绩可取小组的平均值，也可抽查同层次组员评定成绩，或提问哪个学生得到的成绩即该小组的成绩。

（3）以10分制对小组每次活动表现情况进行评比，根据表现优劣各个小组每次活动的得分为–10~+10分。

（4）月考时，给小组平均分前三名的小组分别+5分、+3分、+1分；给小组平均分后三名的小组分别–1分、–3分、–5分。

（5）小组获得多少奖惩分，在进行个人积分统计时，则每个组员应加上或扣除同等的分值。

（6）小组成绩由其他小组组长负责登记，个人成绩由教师登记，综合成绩由学生代表统计。

（7）每个学生平时成绩的计算方法为：取该组员平时成绩及该组员组中成绩的平均值（百分制）。

（8）每个组员组中成绩的计算方法：期末时统计小组总成绩及个人总成绩（加减分），积分第一名的小组起始分为98分，该组积分最高的组员的组中成绩为98分，其余依次为97.5分、97分……而积分第二名的小组中积分最高的组员的组中成绩跟上一个小组中积分最后一名的相同。

（9）每月对全班各个小组及各组员行为表现情况进行分数统计，评出"优秀小组"及"优秀个人"。

（10）个人综合成绩由学生平时成绩和期末成绩两部分组成（比例由教师定）。

三、"自主互助学习法"的课型模式及对应要点

1. 课型之一：新授课

新授课的课型模式：提出本节课的学习内容和目标—大家自主学习—小组讨论交流—检测学习效果—教师进行点评及总结。

新授课的对应要点：

（1）课前由各小组组长检查预习情况，也可由教师抽查各个小组同一组员的预习情况。

（2）教师将本节的教学目标化为若干个大小问题，体现教学内容的三维目标，落实双基，突出重点，突破难点，并用投影仪展示出来。

（3）围绕学生自学提纲在自学中可能出现的问题、自学难点，教师要做到心中有数，设计相应的问题。有些困难较大的，教师可以加强引导甚至做必要的讲解。

（4）在小组讨论交流时，教师到各组巡视，有目的、有针对性地对不同类的学生给予指导，对重点、难点问题进行点拨，发现特殊问题加以个别指导，普遍性问题则全班统一解决。

（5）在检测学习效果阶段，检测形式可以变化多样（如提问、默写、对话、复述、辩论、实验、设计、小结、表演、游戏等），这样有利于调动学生的积极性。若时间允许，可以采用竞赛方式来激励学生。

竞赛题可分必答题、选答题、抢答题。题目的设计要具体明确、内容全面、难易适度、有代表性，能激发学生的讨论热情。①必答题：一般是基本的常识、概念或原理，教师可指定对应学生回答。②选答题：难度较大，灵活

性、动手动脑的程度增加。各组抽到题目后先讨论商量，再由小组推荐某一个组员回答。③抢答题：属技能题或综合题，理解和应用性较强。对训练学生思维、开阔学生视野、活跃课堂气氛有较大帮助，教师在学生答题时可给予必要的引导或提示。

（6）教师要进行适当的点评和小结，对本节课关键性问题予以点拨、对本节知识目标予以提炼、对各小组学习情况进行点评鼓励，是教学过程的重要环节。

2. 课型之二：实验课

实验课的课型模式：学生自主预习并预设实验方案—教师讲解并进行必要的演示—小组合作进行分组实验—优胜组示范演示—教师点评、总结。

实验课的对应要点：

（1）提前准备齐实验器材：目前有些学科没有相配套的实验材料，所以应充分利用生活资源，师生共同准备材料，解决实验材料严重短缺的困难，这是上好实验课的前提。

（2）课前教师要先试做实验：由于有些课程包含了物理、化学、生物、地理等多学科知识，有些知识点教师自身也已生疏，因此，教师要先试做一遍实验，以熟悉过程、了解细节、把握关键，做到在课堂上胸有成竹。

（3）实验前要讲清实验要求：尽管要求学生预设实验方案并予以检查，但对于重要仪器的使用、关键性的操作及有关注意事项，教师仍需讲解清楚，必要时教师可以先示范。否则，仓促进行实验，就会导致课堂上一片混乱。

（4）强调小组成员的分工协作：在实验中，操作、观察、记录等都应责任到人，并且每次实验都轮流分担各种任务，在增强学生动手能力的同时，促进学生彼此间的合作和交往能力都得到锻炼和提高。

（5）教师巡视，以实验准确、快速、安全，实验报告正确、翔实为准，评出第一、二、三名，并按已定的条例对前三名予以奖励，第一名向全体同学再演示一遍，这将大大激发学生的热情。

（6）加强实验课的评价工作：对实验活动评价的科学与否不仅影响学生的学习兴趣，还关系着实验课教学的成败，同时也关系到学生良好习惯的养成与否。评价不能只注重结果，而更应注重过程。评价可从以下几方面进行：①实验前：评价学生准备工作（主要是实验材料的准备及实验方案的预设）；

②实验中：评价学生活动的过程（如纪律情况、发言情况、认真倾听情况、实验操作情况及团结协作情况等）；③实验后：主要评价对实验器材的整理工作。

3. 课型之三：复习课

单元复习课的课型模式：划定将要复习的范围与内容—个人自主复习、提出有关疑难问题—交流讨论、答疑解惑—小组内的相互检测或组间交换检测—单元知识竞赛—教师总结点评并公布成绩。

单元复习课的对应要点：

（1）复习课根据复习内容一般可分为以下几种类型：单元复习课、专题复习课、普通练习课、试卷讲评课等。（限于篇幅，本文仅就单元复习课加以分析，其他类型的复习课可依课型特点而变通）

（2）要提前两三天将要复习的范围及内容告知学生，使学生能提前自主复习，充分发挥学生的主观能动性，提高复习效率。对于提出了较好疑难问题的小组应予以加分。

（3）学生的疑难问题能在组内交流解决的在组内解决，解决不了的可在组间商讨解决，若还有困难，可由教师来解答。这也是培养学生自主探究、养成良好习惯的重要环节。

（4）在交流的基础上进行组内或组间相互检测，既是学生弥补知识缺陷的重要手段，也是保证复习效果的重要途径，这样可以让小组学习的作用发挥出来，让不同层次的学生都能得到提高。

（5）竞赛题组的设计一定要具有代表性，既能体现本单元的知识体系，也能让不同层次的学生都有所收获。要特别注意题目的典型性、层次性及覆盖面。因此选题是复习课中极为重要的一环。竞赛形式可以参考新授课的方式，但题量应多些。

（6）复习课不能没有教师的总结提炼与归纳，教师在关键时候要发挥指导提炼的作用，克服随意性。教师对竞赛情况要及时公布，对表现好的要给予热情鼓励，以激发学生更大的激情。

四、有效推进"自主互助学习法"的主要措施

（1）成立推行"自主互助学习法"组织机构：成立相应的"领导小组"和"教学改革促进委员会"。

领导认识到位并积极推行是课改成功与否的关键；教学改革促进委员会的主要职责是确保课改能沿着健康的方向运行。

（2）加强对学科组、备课组的管理，加强集体备课活动，集思广益。

（3）加大对课堂（教师讲解时间、学生交流与展示、学生练习时间及方式、学生自学能力等情况）的调控度。

（4）教龄10年以内的青年教师每节课后必须写一份教学反思。

（5）力争班主任及科任教师的配合与支持。

班主任的支持是"自主互助学习法"这一教学模式有效实施的根本保证。

（6）制定符合《课标》的课堂教学评价标准及对应的奖学奖教条例。

"自主互助学习法"这种开放型、交往型的教学方式，为学生创造了宽松、愉悦的学习情境，学生学习兴趣浓厚，课堂气氛活跃，人人参与学习过程，人人有机会发言，人人有机会参与竞赛，人人品味到成功的喜悦，人人做学习的主人。学生逐步养成自觉主动、交流合作、宽容互助等良好习惯，知识面拓广，各种能力得以提高，合作与竞争意识、集体主义、责任感增强，成绩稳中有升，既发展了学生个性，又全面提高了学生的综合素质。更可贵的是，我一直以来突出的教学成绩（附表1）很好地印证了该教学模式的可行性和实效性。

附表：

九（2）班学生日常表现情况记录表

组名	组号	姓名	周一				周二				周三				周四				周五				其他	个人总分	小组总分
			预习	作业	课堂	纪律	预习	作业	课堂	纪律	预习	作业	课堂	纪律	预习	作业	课堂	纪律	预习	作业	课堂	纪律			
1 追梦组	1	×××																							
	2	×××																							
	3	×××																							
	4	×××																							
	5	×××																							
2 翱翔组	1	×××																							
	2	×××																							
	3	×××																							
	4	×××																							
3 奔月组	1	×××																							
	2	×××																							
	3	×××																							
	4	×××																							

注：

1. "预习"栏：包括预习情况正常（如书上有标记或写了预习书面纲要等）、没有预习、认真预习从参考书上或网络上收集了有关资料等。
2. "作业"栏：包括学生作业不正常时要注明原因。
3. "课堂"栏：包括学生课堂发言积极、提出有代表性的问题，小组讨论交流积极、帮助其他小组解答疑难问题等。
4. "纪律"栏：包括不认真听讲、乱讲话、搞小动作、左顾右盼（讲跟教学内容无关的话、破坏公物……依次类推。
5. 本表由各组的小组长负责登记，管理安排交叉进行的，即第1组记第2组情况，第2组记第3组……依次类推。
6. 本表应结合"管理细则"和"考核办法"一定使用，这样可以全面地反映学生的实际表现。
7. 本表每周汇总一次，由小组长交给科代表，科代表根据各小组得分情况公布"优胜组"名单并报送学科教师。
8. 根据每周成绩每月统计一次阶段成绩，根据此成绩情况评出当月"优秀小组"及"优秀个人"。
9. 每学期一总评，并予以适当奖励。

（通过本表，记录及统计都很简单；由于是各个小组长交叉管理，使管理变得民主，轻松、准确、快捷、全面、高效。）

第四章

技能与方法

　　教学质量是学校发展的生命线，而课堂是教学的主阵地，教师对学生教育的实施主要（但并非全部）是在课堂上进行的，教师教学方式方法的不同决定了课堂教学效率的高低。传统灌输式的教学方式严重地挫伤了学生学习的积极性，扼杀了学生的灵感与创造力。课堂教学是教师的立足之本，不断优化课堂教学，向45分钟要质量，努力打造高效课堂是教师一个永恒的主题。

　　为此，教师该如何来提高教学技能、更新教学方法和改进教学行为，从而提高课堂教学效率呢？本章节中的几篇文章分别从不同的侧面（不是很全面，但这是我认为相对重要的几个点）进行了阐述。首先，根据教学内容、学科特点、学生实际及《课标》要求等，认真备好每一节课。选择合适的教学方法，设计优化教学流程，以便学生理解与掌握，努力构建高效课堂。其次，沟通是教育的基础，沟通是教育的桥梁，沟通是教师搞好教育教学的关键。教师应关注全体，尊重个性差异，建立科学评价机制，有效激励学生，给学生制造成功的体验，加强与学生的沟通交流，构建和谐的师生关系。最后，教师应以学生为主体，立足学生发展，积极践行新课改理念，推行新型教学模式，把握学生心态，激发学生兴趣，调动学生热情，引导学生参与，锻炼学生的实践能力，培育学生的创新精神，为学生终身发展奠基。

新课标下教师该如何备课

备课是教师对整个教学活动的一项预设，是高效完成教学任务的一个重要环节，它直接决定着课堂教学的成败。常言道："凡事预则立，不预则废。"对于教师来讲，要想上好课，必须备好课。备课是教师根据《课标》、教学大纲的要求，结合本学科的特点及学生实际，选择合适的教学方法，设计和优选教学方案，以保证学生顺利而有效地学习等一系列准备工作。它是充分发挥教师主导作用和学生主体作用、搞好教学工作的最关键一环。同时，认真备好课也是教师不断提高自身业务水平，发展教学能力的重要保证。那么，在《课标》下我们教师应该如何备课呢？教师要备好课必须处理好以下七个环节。

一、备课标——把握课标精神

《课标》的最高宗旨和核心理念是"一切为了每一位学生的充分发展"。各科的课程标准是国家根据培养目标制定的指导性文件，是编写教科书和进行教学的基本依据，是检查教学质量的主要标尺。它规定了课程的性质、任务、目的、要求，明确了教学实施的原则，确定了教学内容的安排、教学方法的指导、教学中应注意的问题、理论教学与实践教学的比例、实践教学的方式、课内与课外如何配合等，它对教学工作有直接的指导意义。《课标》要求教师努力构建"尊重学生个性差异、突出学生主体地位、引导学生主动探究、师生真诚互动交流"充满生命活力的和谐民主课堂。

二、备教材——科学处理教材

教师备课的真正目标就是达到《课标》的要求。为此，教师除了要了解（课标）大纲外，还必须深入研究教材，做到从整体上认识教材的基本思想，用发展、联系的观点了解教材的编写意图、特点和知识体系，了解相关知识点在各单元的分布情况，了解各章节的教学重点、难点、关键点及障碍点等，科学地确定教学目的、任务和要求；明确教材的体系和内容的主次；突出重点，抓住关键；注重研究和解决教材中的难点，根据学生的实际（思想状况、知识结构、心理特点和认知规律）情况选择适当的方法突破难点。

教材处理的一个重要环节是选择编排教学内容，在《课标》要求的前提下，以教材中最基本的概念、原理为中心，从纵、横两方面对教材进行处理。其中，纵指知识的"线"，即知识的内在联系；横指知识的"块"，即横向联系。这样便于学生将知识联系起来，避免前学后忘。

三、备学生——摸清学生状况

学生是学习的主体，教师在教学中要真正关注学生。备课时要对学生已有的学习基础、年龄特征、个性差异、认知水平、思维习惯、接受能力和班级状况等有所了解，明确学生已有知识与新内容之间的联系，这样教学才有依据，才能因材施教、有的放矢。只有摸清了学生的学情，才能讲到点子上、讲到关键处，才能有效地克服"学生熟知的我们还喋喋不休，学生难解的我们却不了了之"的问题，才能够预想学生在学习过程中可能想知道什么、能够知道什么，尊重学生认知发展规律，使教学所设计的起点与学生学习的起点相吻合，最大限度地发展学生的智力和能力。

备学生是备课的难点，难在每一个学生都是一个非常活跃的、参差不齐的且动态变化的思维体，作为教师，要做到胸中有"生"，就必须经常自觉地深入学生，从课堂内外的每一个细节了解和研究学生，特别要注意发现学生的优点或进步，哪怕是微小的进步，都要及时强化引导，使其体验到学习成功的愉悦，产生巩固自己成绩的力量和继续前进的愿望。

四、备教法——优化教学策略

教学方法是教师为完成教学任务而采取的一种活动方式。《课标》倡导"自主、合作、探究"的学习方式。教无定法，贵在得法。目前的教学方法种类很多，如讲授法、发现法、问题法、讨论法、观察法、实验法等。任何教学方法都不是万能的，各有优点和长处，谁也不能绝对地说哪一种方法好，哪一种方法不好。方法的效力不在于方法本身，而在于选择和运用。某节课可能只运用一种方法即可达到良好的效果，而另一节课可能需要运用多种方法。另外，从学生的角度上来讲，不同的教学对象，即使是相同或相近的知识点，也必须采取不同的教学方法。

作为教师，备教法就要切中契合点，要依据教师、学生、教材等方面的不同情况，选择一种或几种最能使三者融通的方法。无论选择哪种方法，都要依据教学实际，结合课堂内容，注意个性与共性的差异，强化学生学习主体的地位，充分调动学生的积极性和主动性，并体现愉快教育的原则。

五、备学法——指导学生学习

选择什么样的学习方式是教学成败的关键。教学的终极目标是使学生"学会学习"。"教是为了不教""授人以鱼，不如授人以渔"。教师要重视学生的学习过程，研究学生的学习方法，不仅让学生"学"，而且要让学生爱学、会学并且自主学习，因此教师备课不仅要备教法，更要备学法。通常教师指导学法应包括以下几个内容：一是制订学习计划的方法（确定学习目标、分配学习时间、选择学习方法）；二是五个环节的常规学习方法（预习方法、听课方法、复习方法、作业方法和小结方法）；三是学科学习方法（以各学科特点为内容的学习方法，如学习物理的方法、学习数学的方法、学习外语的方法等）。

现代教学提倡"自主、合作、探究"的学习方式，教师的学法指导要想卓有成效，应遵从"自主性、针对性、差异性"等原则。教师的学法指导形式通常包括渗透指导、讲授指导、交流指导、点拨指导和示范指导等。

六、备资源——用好教辅材料

课堂教学不能囿于教材——依照教材照本宣科——需要适当拓展延伸。随着课改的不断深入，正确的教材观正在逐步建立，人们正在由"教教材"向"用教材教"不断转变。他山之石，可以攻玉。充分利用和开发课程资源也已被越来越多的教师所重视。我们需要挖掘和利用教辅资源。可以作为教学辅助材料的资源很多，如生活中与知识点相关的实物、器材、书籍、挂图、网络信息、多媒体设备、课件等。这些教辅材料有些可以直接用来展示、创设教学情境或直观形象地呈现教学内容等；有些可以通过加工，改造成教具，用来进行相关学科实验等。教师合理利用好各种有效资源，可以帮助学生更好地理解、掌握教材，激发学生的学习兴趣。反之，则影响学习效果。教师在备课时，要认真备好教辅材料：一是熟练掌握所用教辅材料，做到操作自如；二是要明确教辅材料的使用目的，有针对性地解决相关问题；三是把握好使用教辅材料的时机，做到适当、适时和适度；四是安排好教具摆放的位置，该亮相时再亮相。教师应善于对资源进行筛选、辨识、整合、汲取和优化，使课堂教学既具有效度，又具有宽度和深度。

七、备作业——加强针对性训练

作业是教学的反馈环节。布置课外作业的目的在于使学生进一步消化和巩固所学知识和技能，培养学生应用所学知识和技能独立分析问题和解决问题的能力。教师在备作业时要注意以下几点：一是要根据教学目标和教材的内在逻辑体系来设计作业，确定作业的范围、类别和要求，确保作业富有典型性、启发性和实效性，从而达到举一反三、事半功倍的效果。二是在内容上要做到由简到繁、由易到难，强化对重点内容的掌握，并有效地化解教学中的疑难问题，充分体现循序渐进的原则。三是注意适量和适度。作业的布置要少而精，同时要充分考虑到学生的层次，难易适度，要体现梯度，并提倡针对不同学生的不同水平布置不同的作业。四是作业的形式也应该丰富多彩、灵活多样，并具有一定的趣味性。

在备作业上要做到精心挑选，使作业既能够让学生巩固、深化所学知识，又能够激发学生的学习兴趣。另外，教师对待作业要及时收、及时批、及时讲，要特别注意收集通过作业反馈上来的重要信息。建议每个教师在教案的备注或后记栏内记录好这些信息，真正发挥作业信息的重要作用。

教案的基本内容和教案编写的原则

教案是上课的重要依据，通常包括班级、学科、课题、上课时间、课的类型、教学目标、教学重点、教学难点、教学方法、教学用具、教学过程、作业、板书、课的进程、时间分配等。编写教案要依据教学大纲和教科书。

1. 教案编写的原则

（1）符合科学性。依标扣本，避免出现错误。

（2）加强创新性。构思巧妙，避免千篇一律。

（3）注意差异性。各尽所能，避免千人一面。

（4）强调操作性。以简驭繁，避免臃肿烦琐。

（5）考虑变化性。灵活运用，避免死板教条。

2. 教案的基本内容

教案编写是备课的重要形式，教案的编写因教师、学生、教学内容、教学环境的不同而有所差异。一般来说，教案包含以下内容：

（1）授课题目。（本节课的课题）

（2）课型。（说明属于新授课、练习课、实验课、复习课、习作指导、讲评等课型中的哪一种）

（3）教学时间。（按教学所规定的时间，说明需几课时，或属于第几课时）

（4）教学目标。（根据课标与教材内容并结合学生实际来确定本节课的三维目标）

（5）教学重点。（本课必须解决的关键问题）

（6）教学难点。（本课的学习过程中易产生困难和障碍的知识点）

（7）学情分析。（学生目前的知识结构、认识水平、年龄特点等方面的情况）

（8）教学方法。（教学过程中教与学的方法与手段）

（9）教学资源。（辅助教学所使用的工具材料，如卡片、小黑板、投影、投影片、录音机、实物等）

（10）教学程序。（教学程序是教师具体施教的步骤，是教师教学设计的体现，也是教学思想的展示过程。它是教案的主体内容、教案书写的重点。教学程序主要包括教学的内容、方法、步骤、措施及时间安排等）

（11）板书设计。（上课时准备写在黑板上的内容，板书宜直观大方、简明扼要）

（12）作业处理。（如何布置、处理书面或口头作业）

（13）教学后记。（施教后完成，总结教案在实施过程中的成败得失）

教案既要有一定的格式要求，又不能完全格式化，可以因学科、因内容、因人而异，做到原则性与灵活性有机结合。教师可采用多样的备课方式（如提纲式、随笔式、表格式和框图式），以体现个性化教学的风格，促进课堂教学的创新。

努力打造高效课堂

　　教育教学质量是学校发展的生命线。课堂是教学的主阵地，教师对学生教育的实施主要是在课堂上进行的。课堂上教师扮演着传授者、组织者、引导者和合作者的角色，教师教学行为的有效程度决定了课堂教学效率的高低，而课堂效率的高低对教学质量起着关键性的作用。如何打造和谐高效课堂、真正落实素质教育是每位优秀教师都应该思考的问题。

一、提高教师专业素质是打造高效课堂的基础

　　知识储备的多少是衡量教师素质的一个基本内容，具备比较渊博的知识是教师完成任务的基础。从功能出发，教师的知识分为四个方面：本体性知识（专业知识）、实践性知识、条件性知识（教育学与心理学）和文化知识。为此，教师应该从以下四个方面来全方位提高自身素养：

　　（1）积累坚实、精深的专业知识。

　　（2）练就娴熟的教学技艺。

　　（3）掌握教育科学理论，懂得教育规律。

　　（4）积累厚实的文化底蕴。

　　坚实的学科专业知识是教师知识结构的核心。教师只有完整、系统、扎实、精深地掌握专业知识，才能在教学中统领全局、举一反三，使学科知识融会贯通；教师的实践知识来自个人的教学实践活动，具有明显的经验性，有赖于教师自身的用心积累，它将影响到教师能否机智、协调地处理相关问题；教师还必须有良好的教育学、心理学的知识素养，懂得青少年身心发展的一般特点、个性和品德形成的一般规律，以及如何根据这些特点和规律教育学生，它是一个教师取得教学成功的重要保障；教师只有不断学习，不断开拓，博学多

才，才能拓宽视野和角度，把课上得生动形象、饶有趣味、通俗易懂，增强教学的感染力与吸引力。

二、树立教育新观念，探索教学新模式是打造高效课堂的桥梁

不同的学校推崇不同的教学理念，不同的教师尝试不同的教学模式。不同的教学理念与教学模式将对我们的教学效果产生深刻的影响。

无论是洋思中学"先学后教，当堂训练"的课堂教学模式还是东庐中学"教学案"的课堂教学模式都是适应课改精神、顺应时代发展的产物。

而在学校任教时，本人在教学实践中积极践行"自主互助学习法"的教学模式（该教学模式详细情况请参见第三章"'自主互助学习法'在中学教学中的应用"一文），在该模式中，树立"关注每一个成长的生命，创造适合学生发展的教育，为学生的终身发展奠基，使每一个学生都获得成功"的教育思想，认为教师的责任不全在教，而在于组织学生学、指导学生学、促进学生学，先学后教，以教导学，以学促教。自主是最重要的基础，互助是最有效的手段，高效是最终极的目的。在实际的课堂教学中，如何合理调控，使学生通过"自主互助学习法"，从而实现高效教学的目标是实施这种教学理念的重中之重。

三、营造和谐的课堂氛围是打造高效课堂的保障

和谐是心灵沟通的桥梁，和谐才能让学生以良好的心境、积极的态度走进课堂。那么，我们应该如何营造和谐的课堂气氛呢？

1. 营造能够给所有的学生以民主的氛围

教育家魏书生老师谈到自己成功的经验时说道："民主+科学+气功=成功。"

英国哲学家约翰·密尔曾说过："在压抑的思想环境下，禁锢的课堂氛围中是不可能产生创造性思维火花的。"教学中，教师的首要任务是营造一种生动活泼、民主平等的教学氛围，使学生性格开朗、兴趣广泛、思维活跃、富有创造力。

教学是教与学的交往、互动，师生双方相互交流、相互沟通、相互理解、相互启发、相互补充。只有一个平等民主的课堂，才能为实现师生双方相互交流、相互沟通提供一个有效的操作平台，让师生共同体融入教学情境，让课堂

成为师生心灵交融、情感呼应的园地。这时，教师才真真正正地成为学生的良朋知己。

2. 营造能够给所有学生以尊严的氛围

教学是教师的教和学生的学组成的一种双边活动，是教与学相互制约、相互作用的过程。尊严是师生沟通交流的一道门槛，只有被尊重才会有理解与信任，才会有合作与配合；只有被尊重才会有被接纳感，才会有归属感。在每一个学生都能得到尊重的课堂里，所有的学生都觉得自己属于这个集体，都觉得在这个集体里自己被信任、被认可。他们能够彼此聆听，彼此认同，彼此尊重，相互支持与配合。没有取笑，没有冒犯，没有孤单，没有被抛弃，没有边缘人物。这样的班级里最优秀的学生不会孤芳自赏、骄傲蛮横；而成绩平平的学生也不会离群索居、孤僻自闭。教师和学生都能充分体验教与学的乐趣和成功的喜悦，更好地体现新课程"以人为本"的理念。因师生互信、生生互动而教学相长，从而更好地推进和谐高效课堂建设，全面提高教育教学质量。

3. 营造能够给所有学生以自信的氛围

如果学生对自己没有自信，甚至认为自己没有希望、很坏、愚蠢，那就没有效率可言。学生在什么时候学习最有效？在教师认为他很好，父母认为他很好，同学也认为他很好，他自己也认为自己很好时（自己及他人都对其充满信心时），这个时候他学习才是最有效的。我们要设法使所有学生都能够对自己满怀信心。为此，教师要打破"满堂灌"的传统教学方式，把时间还给学生，让学生成为课堂的主人，努力给学生参与的机会，并创设条件让学生在参与中体验成功。因为成功是自信的源泉！正如莎士比亚所说："自信是走向成功的第一步，缺乏自信是失败的重要原因，有了自信心才能充满信心去努力实现自己的目标。"

四、激发学生参与课堂的热情是打造高效课堂的关键

参与度决定了课堂效率。课堂上只有学生积极参与教学活动时，才可能取得较好的教学效果。那么，如何激发学生参与课堂的热情呢？

1. 用关注来温暖每一个学生

要想课堂变得高效，教师一定要有普遍的关注。不要以为优秀的学生就不需要关注，他们同样需要肯定；不要以为问题学生无法肯定，他们更需要关

爱的阳光。最普遍的关注、全方位的关注、不分等级的关注，才是最有效的。我们必须关注每一个学生，我们应对每个学生都给予同样的关爱。当然，一段时间、一节课里，我们的关注是有所侧重的，但是，从整体上来看，从全局来看，我们应给予学生的是普遍的关注。

看上去是随机的、无意的关注——给学生随意的肯定和评价，恰恰能够扣在教学的关键处，敲击在学生的心坎上。好的教师能够将自己的关注布满课堂、主宰课堂，知道什么时候给谁以关注，能够在学生最需要关注的时候，把关注给予学生。我们要用自己的关注恰当地引导学生朝着既定的学习目标前行。我们应如何给予学生以关注呢？

（1）用微笑、目光的交流来流露我们的关注。这是实现普遍关注的前提，要让所有学生都从教师关注的微笑和目光中感受到一种温暖，获得一种支持。我们要从自己的微笑开始，改变自己的教育。学生在等待我们的微笑，学生在等待与我们的目光交会。我们的热情可以影响学生的热情，我们的积极性可以影响学生的积极性。而我们也将换来学生的微笑与目光。

（2）经常用正面的描述表达我们的关注。学生受亲友（尤其是教师）的影响很大，正面的评价对学生产生正面的影响，负面的评价对学生产生负面的影响。如果一个学生，大家都说他不爱学习、不认真刻苦、没有毅力、不集中精力，那他还有什么积极性可言？高效的课堂从何建立？

教师要经常向自己的同事、学生、学生的家长描述自己的学生：他们某一片刻的好学、他们某一堂课的专心、他们某一次文明的举止、他们某次微小的进步……例如，当学生在认真看书的时候，你就告诉他，这样多好！他不认真看书的时候，你也可以对他说，在你学习的时候，你特别专心，那时你做得真好。这种描述可以直接针对学生群体，也可以私下里针对学生个人。如果作为教师，你从来没有对学生这样描述过，那就是你的失职。如果描述得少，也是你的失职。

（3）用诚挚的爱心来体现我们的关注。教学不仅仅是教师对学生传道、授业、解惑的知识传授过程，也是教师与学生相互理解、信任、合作的情感交流过程。教学的效果在很大程度上要受到教师与学生的情感因素的制约。我们经常可以发现，有的学生因对某教师反感而不愿上他的课。反之，有的学生却因为对某教师感到亲切而特别喜欢上他的课。

爱心是打开心扉的钥匙，是沟通心灵的桥梁。正如全国劳动模范教育专家丁有宽所说："全部的奥秘在于一个'爱'字，没有爱就没有教育。"师生间只有心灵相通，情感相融，才能配合默契，教学相长。因此，教师无论是在课堂上还是在课外，都要深入了解学生，了解他们的欢乐与痛苦，并与他们分享快乐，分担痛苦，帮助他们走出困境，用教师无限的爱心去温暖学生，去开启学生激情的阀门。

2. 用欣赏来激励每一个学生

无论是成绩突出的学生还是成绩一般的学生都需要肯定。欣赏是情感的纽带，欣赏是动力的源泉！有时，对于基础差的学生，我们要更加关心他们、体贴他们。教师一定要找到欣赏、夸奖的理由，找到欣赏、夸奖的方向，找到欣赏、夸奖的那些"点"。为此，教师一定要细心捕捉学生点滴的努力、微小的进步，及时表扬、夸奖、鼓励。有时教师甚至要降低难度来为学生创设进步、成功的机会，为自己的夸奖创造理由！

有些教师只是偶尔表扬学生，而好的教师则经常表扬学生。通过不断的欣赏、夸奖、鼓励，让它成为一种积极的心理暗示，久而久之，使它转化为学生的一种潜意识——老师器重我，我要加倍努力才不辜负老师的期望！表扬越及时效果越好，夸奖越充分效果越好！我们要小心翼翼地将学生的积极性、学习热情一点点地保护起来，让它生长起来，壮大起来。

3. 用自己的人格感染每一个学生

在课堂教学过程中，师生之间不仅是知识的传递，同时还伴随着心灵的融合，情感的交流。"用形象的话来说，就是在知识的活的身体里，要有情感的血液在畅流。"（苏霍姆林斯基《给教师的建议》）要做到优质高效，最基本的一点就是要使课堂充满感染力，引导学生由被动接受知识向主动投入情感转变。

"身教重于言教"，教师的认真、热情、严谨、负责、勤奋、执着等是学生最好的榜样。人格是一种力量，榜样的力量是无穷的，它能潜移默化地影响学生。"近朱者赤，近墨者黑。"我们要用自己的真情、人格、魅力感染学生！当我们满怀激情、态度和蔼、语言亲切、严谨务实、充满爱心地组织教学时，这种风格将不断地熏陶并感染学生，学生既欣赏又敬佩，继而转化为对这门学科的热爱，学生将全身心地投入学习，在自主学习中享受学习的快乐。

4. 用"终止负面思维"来引导每一个学生

负面思维会使一个人萎靡、颓废、消极、沉沦。很多时候并非学生不想学好、不求上进，只是他们经历了一次或几次失败之后，不能正确地看待自己，对自己失去了信心，产生自我贬低、自我矮化的想法和行为，负面的思维包围他们、负面的思维严重影响他们。如果他们不能及时走出负面思维的阴影，那么他们将从此消沉。

教师要及时发现学生细微的变化，尽快终止学生对自己的负面思维。例如，当学生说他科学总学不好时，教师可以这样对他说："你数学等科目都学得很好，可能只是时间分配不均或方法不对。"；当学生不爱学习时，教师可以说："上一回你复习的时候，一连坚持了十几天，你都很专心，怎么说不爱学习呢？"当学生说自己没希望时，教师可以引导他回忆过去（如小学）成绩最好或最有成就感的时候，使他知道只要努力就会有希望。当学生抱怨自己不被重视时，教师可以告诉他："不，在老师心目中，你是非常重要的。"只有当学生停止对自己的负面思维时，他的热情才会散发出来，课堂的效率才会上去。

5. 用"成功的体验"来鼓舞每一个学生

失败是成功之母！一时的失利，并不是失败，只是暂时的不成功，只要我们没有停止努力，那就永远还有希望！每失利一次，就离成功更近一步。教师要不断地鼓励学生，使他们在任何挫折面前都不气馁，在任何恶劣环境中都很坚强。

但成功更是成功之母！教师在课堂上要因人设题、因人提问，设置难度不同的题目，使不同层次的学生在课堂上都能体会到成功。教师要给学生表现的机会，可以通过必答、抢答、质疑、辩论及展示学生作品等方式来展现学生的才能，让学生有成就感。千万不要对学生的疑问和好奇进行打击和嘲讽，否则很可能将一个个像"爱迪生"一样的创造性人才逐渐扼杀。一次的成功可以激发下一次的成功，教师要不断激励学生，使其保持旺盛的学习热情。学生在一次次的成功中会逐渐树立起成功的信念，进而培养成功的欲望。

6. 用"评价机制"来调动每一个学生

"自主互助学习法"既要求自主学习，也强调合作学习。要想取得理想的效果，就必须进行合作学习。为保证课堂教学取得理想的效果，教师在鼓励学生动手、动脑、自主学习的同时，更要确立一种促进学生在班集体活动中乐于与同学互帮互助、合作交流的良性制约机制。

为此，在"自主互助学习法"中我们制定了"管理细则与考核办法"（请参见第三章"'自主互助学习法'在中学教学中的应用"一文），将整个评价的重心由评价个人转变为评价个人与合作小组相结合，且侧重对过程（非结果）与对合作小组（非个人）的评价。但无论是对过程的评价还是对结果的评价，也无论是对小组的评价还是对个人的评价，都必须把"小组合作表现"列为评价的主要指标之一。小组成员为了共同取得最好的成绩，都会积极地、不遗余力地参与到小组合作学习中去。通过这种"评价机制"，引导学生在竞争中合作，在合作中竞争，在竞争中交流，在交流中共同提高。

五、周密设计、优化教学是打造高效课堂的根本

课堂教学是教师的立足之本。如何优化教学以提高单位时间的效率，向45分钟要质量，是我们每个教师都应时常思考的问题。

1. 精心备课，为打造高效课堂做好铺垫

在教学中，备课是十分重要的一个环节：既要备教材，还要要备教法；既要备内容，还要备对象（学生）；既要备教法，更要备学法。备课不充分，会严重影响课堂教学。新课程背景下应该怎样备课呢？我认为要做好五点：一要认真钻研教材，合理确立每堂课的教学内容；二要设定科学合理的三维教学目标；三要准确把握教学的重点和难点，确定如何突出重点，如何突破难点；四要充分了解学生现有的知识水平和认知规律，选准课堂教学的"切入点"；五要选择适合教师自己和知识特点的教学方法、适合学生学习的学习方法。

2. 巧设激趣情境，激发学生学习兴趣

"兴趣是最好的老师。"精心创设各种教学情境，能够激发学生的学习动机和好奇心，引发学生的求知欲望，调动学生学习的积极性和主动性，促使学生主动参与各项教学活动。因此，教师在教学时，或带学生到生活中去，或用实验、挂图、故事、游戏、多媒体等再现生活情境，提出问题，点燃学生探究的热情。例如，在学习《牛顿第一定律》这一节课时，以"汽车驾驶员为什么要系安全带"导入新课。又如，在学习《浮力》这一部分知识时，教师提出"铁片是否能浮于水面上"等问题，学生一下子就兴趣盎然，感觉科学就在身

边，与自己的生活紧密相连，激发了他们自主学习的内驱力，使他们在浓厚的兴趣吸引下完成学习，并在学习时体验到应用知识的快乐。

3. 利用"任务驱动"手段，调动学生思维

要打造高效课堂，必须充分利用好45分钟。为了调动学生的学习积极性，充分发挥学生的主体作用，让学生成为学习的主人，教师要成为学生学习的领路人，在课堂设计上要注意少讲多练，精讲精练，且学生学的时间应比教师教的时间多一些（如3：1，当然，可以根据实际情况做必要的调整）。教师应根据课堂教学内容的要求，精选问题、例题或练习，可以从例题的难度、结构特征、思维方法等各个角度进行全面剖析，既注意数量又讲求质量，并且要将这些问题分散到教学过程的各个环节，让学生学练相兼，使训练伴随学生课堂学习的全过程。问题或练习的呈现可以是口头表达，也可以通过小黑板或多媒体来展示，注意知识的覆盖面及难易的梯度，对于复杂的问题注意分解或提示。若问题需要分工才能完成，一定要明确小组各成员具体的目标与任务，引导各小组成员分工合作、密切配合，明确完成各任务的时间及评价（或奖励）方式，以激发学生积极参与。

4. 增加实验机会，培养操作能力，并使学生养成理论联系实际的习惯

"阅读的资讯，我们能学习到百分之十；听到的资讯，我们能学到百分之十五；但所经历过的事，我们却能学习到百分之八十。"实验现象与测量结果往往给人以深刻的启示。加强实验是激发思维、培养能力的有效措施。教师不但要开足、用好本学科教材中规定的实验，还要开动脑筋、因地制宜，利用生活中的材料创设条件，尽量让学生自己动手做实验。俗话说，"百闻不如一见""与其听说，不如体验"。例如，当讲到"液体蒸发吸热"现象时，我让学生自己用药棉蘸些酒精涂在自己手臂上，然后把感觉描述出来，再提问学生："生活中还有类似现象吗？这说明了什么？"

5. 在反思中求改进，从细节中求高效

在传统观念中我们觉得教师讲得越多、越细、越深、越透，学生学得就越快、越好，一直认为教师为学生扫清学习障碍，总比学生自己摸索要省心、快捷。事实上，这样做就好比只把学生当成盛载"知识的容器"，这种重学习结果轻探究过程的教学容易养成学生思维的惰性，使学生失去自我锻炼、自我探求、自我成长的机会，挫伤了学生学习的积极性，忽视了对学生情商的培养，扼杀了学生的灵感与创造力。这正是当前素质教育和课程改革要解决的问题。

认识决定思路，思路决定出路。教学理念的转变是新课程改革最艰难但也是最重要、最关键之处。"自主互助学习法"对新授课、实验课、复习课等课型都提出了一定的教学模式，这些模式的设置都是从《课标》的理念出发的，以学生自学为主，学生会的不教，学生不会的尽量利用互助小组商讨解决，教师少讲、精讲，只做点拨性的引导，以养成学生学习的主动、自觉、合作与交流的良好习惯，达到对学生三维目标的培养。

除了教学理念的转变，教师还要不断地梳理学科知识，在总结中提高，以达到对教材的融会贯通。例如，在分析电流、电压、电阻三者的关系时，我送给学生八字真言"串联正比，并联反比"，即在纯电阻电路中，串联时（I相等），电压、电功、电功率、电热都与电阻成正比；并联时（U相等），电流、电功、电功率、电热都与电阻成反比。这八字真言高度概括了三者间极其复杂的关系，便于学生对这部分知识的理解与运用。

教学有法，教无定法。只要能激发学生的学习兴趣，提高学生的学习积极性，有助于学生思维等能力的培养，有利于所学知识的掌握和运用，都是好的教学方法。教师不应该拘泥于任何一种教学方法或教学手段，因为单一的教学方法和教学手段常会使学生感到疲劳、厌倦，久而久之会使学生失去学习的兴趣。教师在教学的过程中应该从细节做起，周密设计教学过程中的各个环节，积极开动脑筋，灵活应用教学方法与手段，以激发学生的兴趣。讲解、阅读、实验、讨论、竞赛、检测等是常见的课堂训练形式，教师可以将这些方式贯穿教学的各个环节，并通过挂图与多媒体等设备、器材来呈现有关内容，以便活跃课堂气氛，提高课堂效率。

6. 小组合作互助，既减轻教师负担，又为大面积提高教学质量提供保障

在"自主互助学习法"中，由于重小组评价轻个人评价，个人成绩是建立在小组成绩基础之上的，有力地促进了小组成员之间的交流与合作。当然，因时、因地、因事而异，教师可以对评价方式做相应的调整，可以采取民主的方式，多咨询学生意见，不断优化评价机制，以便更好地引导学生。

有了评价机制之后，教师还要有进一步驾驭课堂、调动学生学习积极性的措施。首先，要重视组长的选拔与培训，充分发挥好组长"小老师"的作用，组织好、协调好各项学习活动；其次，要发动本学科成绩好的学生，让他们成

为教师的好助手，教会其他同学，带头回答、提出问题，积极主动地完成各项学习任务；再次，提倡同桌之间相互帮助、相互提问、相互检查、互批互改，哪一个同学出了问题，两个人都要承担责任。在这种相互帮教活动中，学习好的学生以教会了其他同学为荣，以小组顺利通过测试点取得好成绩为乐；学习成绩差一点的学生因学会了知识而感到欣慰，因合作过关而感到快乐。

由于充分发挥学生"小助手""小老师"的作用，不仅在减轻教师负担的情况下大大地提高了效率，而且将学习及管理的主动权交给学生，使学生在实现信息与资源共享的同时，学会交往、学会欣赏、学会倾听、学会尊重他人，合作精神、团队意识和集体观念不断增强，学生综合素质不断提高，为打造高效课堂提供了强有力的保障。

构建和谐的师生关系
——师生沟通的艺术

有些教师通常认为，"你作为我的学生，理所当然就要接受我的观念、信息"，却较少思考"如何才能使学生较好地接受这些观念和信息"。事实上，师生关系是教育能否取得成效的关键，而沟通是构建和谐师生关系的桥梁。作为师生沟通的主动方，教师不断改进自己的沟通方式、方法尤为重要。

一、师生沟通的现状及沟通的内涵

在教学工作中，学生很注重对教师的整体感觉是"喜欢"还是"不喜欢"，然后再决定对教师的教育是"接受"还是"不接受"。这种现象也符合通常的人际关系规则：一个人事业上的成功只有15%是由于他的专业技术，另外85%要靠沟通技巧。当学生喜欢一个教师后，对这个教师所给予的教育影响会产生很强的接纳感，会带着良好的情感来正面理解教师的语言，接受教师的要求。因此，学生是先喜欢教师，再喜欢教师所提供的教育，然后接受教师所施加的教育影响。在师生关系中，学生如果觉得被奚落、嗤笑而不被信任与理解，教师就伤害了学生的自尊和感情；或师生双方因为沟通不畅，长时间互相埋怨、互不信任，对对方不满意，学生与教师的人际关系僵化，那么，教师无论有怎样的良苦用心，学生也难以接受，并从内心深处对教师产生抵触心理。

虽然成功的教育取决于多种因素，但其中一个最重要的因素是教师与学生之间的沟通质量。有些学校的现状是：有些教师不想与学生交往，不愿与学生交流，不善于与学生沟通，不敢在学生面前敞开心扉，缺乏积极的沟通意识和能力、技巧和追求。不少研究表明，教育活动中有70%的错误是由于教师不善于沟通造成的，其中一个主要原因是教师不了解师生沟通的真正含义，不了解有效师生沟通的基本前提。

沟通是指两个或两个以上的人与人之间经由联络渠道传递与交流信息、思想观点、情感愿望、意见等，达到相互了解与理解的过程，以求共识、共享、共进。教师的教与学生的学是在师生之间进行的良好沟通，既是教育的核心、教育的条件，又是学校实现教育目标、满足教育要求、实现教育理想的重要内容和手段。

教师只有懂得如何与学生沟通，懂得如何满足学生的需要，并引导学生懂得如何满足教师的需要，师生之间建立相互信任、尊重、彼此接纳、理解的关系，教育活动才能使学生产生兴趣并接受。教师首先需要通过各种教育技巧唤醒学生的情感，再进行教学，才会产生相应的思维。没有心灵沟通的教育绝不是成功的教育。

二、师生沟通中的语言错误

有效的沟通是不断跨越障碍的过程。师生沟通的障碍来自哪里？来自沟通的一方或双方的错误的沟通立场，而这种错误的沟通立场又通过错误的沟通语言表现出来。许多研究发现，教师一些驾轻就熟、脱口而出的语言成了"杀手"式的语言信息，阻碍了师生沟通的效果，导致师生之间的冲突与误会。所以，提高师生沟通的效果，应从分析教师错误的沟通语言开始。

1. 训诫

例如，"都这么大了，你该明白应该怎样去做了，不要每次都要别人提醒你！""你应该很清楚写字必须用什么样的姿势""一个中学生应该知道用什么样的态度对待学习！"

这些教师都是出于对学生的关心，想让学生做得好一点，但是他们并没有用对方法，这种信息的表达其实是在向学生显示教师的权威，使学生感受到与教师之间地位的不平等，导致学生很容易对教师产生防卫心理。

当教师运用这种语言模式的时候，常会使用这些短语："你应该……""你必须……""你最好……"等。这类训诫的信息在向学生表达教师不信任对方的判断，并期望学生最好能无条件地接受教师所认为对的判断。对于高年级的学生来说，"应该"和"必须"这样反复说教只会让学生觉得教师怎么这么烦，对教师没有丝毫的好感，对教师讲的话也只当耳旁风，并使学生产生抗拒心理，激起他们强烈维护自己的立场。

2. 命令、控制

发号施令型语言是教师平时使用得最多的一种语言。例如，"坐下！不许动，现在轮不到你说话""给我闭嘴，这是课堂而不是聊天室""你给我离开教室！""不许在课堂上看课外书！"许多教师认为这种是见效最快的语言。这种语言的优点是教师可以快速解决学生存在的一些问题，它的缺点是使用过度就会失效。因为这是教师单方面发出的语言信息，给学生造成一种印象：学生的感受、需求或问题并不重要，学生必须顺从于教师，教师是主体，而不用在意学生的情感体验。学生的情感或需求没有得到尊重，学生对教师也会产生一种距离感，甚至是怨恨、恼怒、敌对或恐惧的情绪。例如，有的学生就会顶撞、抗拒，故意考验教师的决心，甚至大发脾气。

3. 警告、威胁

警告信息与命令、控制、指挥很相似，只是再加上不服从的效果。例如，"如果你再这样（谈恋爱）下去，我将对你采取一系列的措施了！""如果你再这样的话，我将严惩不贷，到时休怪我不客气！""如果你再不改，就打电话叫你家长来见我！""如果你们这次不交齐作业，我就要罚你们再抄十遍书！"

警告与威胁可能使学生感到恐惧和屈从，也可能引发学生的敌意。学生有时可能对此做出教师不希望的反应："好啊，不管你说什么，我都不在乎，看你能把我怎么样！"更有甚者，做一做刚才被警告过的事，好看看教师是否真的言出必行。而且通常在师生关系僵化的情况下，即使教师真的采取了叫来家长等措施，学生的态度一般也不会有所改变。他们只会更加反感，至少会保持一种消极的状态，不愿与家长、教师做任何的交流。

4. 过度忠告

例如，"你争口气表现好一点，管住自己！千万抓紧时间，向好的同学看齐！""考试的时候一定要先做容易的题目，再做难的题目"。这样的信息是在向学生证明教师不信赖他们解决问题的能力和自我约束力。其后果往往会使学生对教师产生依赖心理，每到紧要关头便会向外界权威求助，削弱他们独立的判断力和创造力，养成"人云亦云"的心态。

5. 讽刺挖苦型

例如，"你以为你是爱因斯坦吗？不要自以为懂得很多了！""怎么这么热闹，看来全班同学都缺钙啊！""我就知道你不行！""你的字写得太好了，龙飞凤舞啊。我的水平太差，实在看不懂！""你讲话的水平真高啊，也许以后会有人请你当我们学校的校长"。

这类讽刺挖苦的话语一出口，就流露出对学生明显的鄙夷和轻视，还有一些人格侮辱的成分在内。它的后果是让学生感到自尊心受到伤害，学生会非常反感，会想这个老师怎么这样，我再也不喜欢他了，甚至会出现反攻击的心态："你有什么资格来消遣我。看你说话的样子，哪像个老师！"师生之间可能出现大的冲突。学生如果经常听到这类语言就有可能形成"我是一个差劲的人""我不太行""我是一个问题学生"等自卑心理，长此以往会对学生的身心发展造成较大的负面影响，对他们的成长十分不利。

6. 空口"安慰"型

空口"安慰"一般性、泛泛而论的评价对学生的成长都是无益的。当教师安慰一个痛苦中的学生或者学生急切地要求教师对自己有所帮助时，一些没有解决实际问题、没有意义的安慰的语言如同隔靴搔痒，会让学生非常失望。例如，"我也不知道对你说什么好，你自己好自为之吧""没关系，回去好好休息，明天就好了""不要难过！""不要着急，太阳每天都会是新的，明天你就会好起来""没关系，一步一步来，你还年轻，人生的路还长着呢"。

这都是些不能实质地解决问题的话，如果学生经常听到这样的话，他们就会怀疑教师不是真正关心自己，而是一直都在敷衍自己，对自己不重视、不关心，不喜欢自己，进而他们就会对教师产生无能、自私、冷漠等不良印象。长此以往，师生关系就不会融洽，隔阂也将日益加深。

7. 强加于人

强加于人是一种更微妙的下命令，但是它可以更巧妙地隐藏在貌似很有礼貌、富于逻辑的陈述中，而讲话的这一方只有一个心态：你是我的学生，你必须接受我的观点。例如，"我发现班上一有麻烦，总有你的份！""我早就知道你不行！因为你太懒惰""我就知道这事是你干的，除了你还会有谁？"这种谈话进行得很快，学生根本没时间表达自己的想法，从而感到自己的权利被剥夺。长此以往，会引起学生的防卫和抵触，削弱学生对教师的尊重，学生还会产生一种"老师总是认为我不行，有着改也改不完的缺点"等压抑感，从而变得自暴自弃。

8. 单方劝说型

单方劝说这种沟通方式是不管学生内心的真实感受，教师在与学生的对话中，把主要的注意力放在说服学生上，而不是听学生说，只是在单方面输送信息给学生。

例如，"今天找你过来是要与你讨论这次考试失误的事情。经过我对你的试卷分析，我发现你本次考试失利的原因是你太粗心！你说是吧？记住，以后要细心些！好，我讲完了，你回去吧，你回去以后要好好记住老师的话！"其实，学生考试失误未必是因为粗心，也许还有更多的原因，如有可能是考试前一天晚上没有睡好而导致考试时思维迟缓，也有可能是对这次考试重视度不够，还有可能是情绪紧张的原因，等等。教师找这个学生来谈话，目的是帮助他找到这次考试失误的原因，提高学习成绩，但因为没有互动和交流，导致他们之间的谈话毫无效果，并让学生感到老师并不想也确实不了解自己。

9. 指责与批评

随意指责学生是很多教师常犯的一个沟通错误。有些教师认为批评学生是为了帮助学生，但由于教师批评的方式与策略欠妥，过多随意的指责常常导致相反的结果。由于学生的世界观、人生观还未成熟，他们不能客观地看待老师、家长的批评，他们对自身的评价大多受父母、老师及其他亲友对他们评价的影响。指责与批评的评价较其他的信息更令学生感到自卑、不安和愚笨，甚至会使学生产生"破罐子破摔"的消极心态。而当学生感到自尊心受到了损害时，为了维护自己的形象，他们以后就会在教师面前尽量掩饰自己的想法和情感，不愿将内心世界向教师敞开。否定的批评激起反批评，学生的反应往往是："哼，你也好不到哪里去！"一些调查表明：学校中最不得学生尊重的教师是经常给学生施以否定评价的教师。所以，教师对此必须特别注意。

10. 揭露

例如，"你心里想什么我还不知道，在我面前你别想玩什么花招！""说几句认错的话就想蒙混过关？其实是害怕我给你爸爸打电话吧？可我今天偏要给你爸爸打电话！"

其实，教师让学生知道"我知道为什么""我能看穿你"并不是件好事。

因为如果教师分析正确，学生会由于被揭穿而感到窘迫或气恼，而如果教师分析不正确，学生也会由于受到诬赖而感到愤怒。他们常常认为教师是在自作聪明，自以为能像上帝一样居高临下地洞察所有学生的内心，感觉莫名其妙的好。

三、有效促进师生沟通的心理学原则

（一）同理心

1. 同理心的定义

同理心既是建立良好人际关系最重要的条件，也是师生之间建立良好沟通的首要条件。同理心包括三个条件：①站在对方的立场去理解对方；②了解导致出现这种情形的因素；③让对方了解自己对对方设身处地地理解。

同理心不等于了解。了解是我们对事物的主观认识，是以个人的、主观的参照标准看待事物；而同理心是沟通方暂时放弃自身的主观参照标准，尝试设身处地地用对方的参照标准来看待事物，使我们能够从对方的处境来体察他的思想行为，了解他因此而产生的独特感受。

同理心不等于认同和赞同对方的行为和看法。认同和赞同包括沟通双方对一些问题的看法及在价值观等方面有一致性，都带入了自己主观的参照评价系统。同理心是对对方有一种亲密的了解，像感受自己一样去感受对方的内心世界，由此产生共鸣同感。

同理心并不等于同情。在同情的心理活动中，交往的双方有高低、尊卑的地位差别；在同理心的心理活动中，沟通双方的地位是平等的，无高低之分。在沟通中，当同理心出现时，给予者与接受者的地位是平等的，同时彼此不一定要有所认同。同情，沟通双方往往处于不同的地位。例如，我们了解到一个学生因为父母下岗，无力交学费，我们很同情他，我们在同情心的驱使下，集体募捐帮助这个学生凑齐了学费。这种沟通的心态有两个心理成分：一是教师认同和分享了这位学生的困难；二是教师处于一个较优越的地位，带着"我有资格帮助你"的心态。在与学生的沟通中，学生更需要的是得到教师的同理心，而不是同情和怜悯。当学生需要得到教师的帮助时，通常在那一段时期较敏感，自我评价偏低，假如教师对学生带有过多的同情和怜悯，会更加强化这个学生的自怜、自卑感，对学生的成长是有害无益的。

在人际关系中，如果沟通双方能够从同理心的角度去感受对方的感受、信念和态度，并有效地将这些感受传递给对方，对方会感到得到了理解和尊重，从而产生温暖感和舒畅的满足感。这种感受可以诱发彼此充满体谅和关心爱护的沟通氛围。

2. 拥有同理心是一种沟通立场和能力

沟通的一方从对方的言行中推断出他的感受、信念和态度，这是一种能力。在沟通的过程中，拥有同理心包括对对方理性和情感状态的感受。在人际沟通中，越是主动地去感受对方的内心世界，就越有能力了解对方，也就越有能力与对方建立良好的人际关系。要达到较有深度的拥有同理心，就要求人们在沟通时首先能够放下自己的参照标准，将自己放在对方的立场上和处境中来尝试感受对方的喜怒哀乐，经历对方正在或曾经面临的压力，并体会对方之所以会说出这样的话和导致这样的行动表现的缘由。

在拥有同理心的沟通互动中，我们尝试站在对方的立场来了解对方，与对方产生同样的感受和体验；同时，我们也是在协助对方进行自我表达、自我探索和自我了解。当我们的回应具有同理心感受的时候，对方会感到我们很懂他，从而有一种舒畅感和满足感，而这种感受会促使他继续做出默契的交谈和回应。这种亲密的人际关系是人人需要的。然而，很可惜的是，我们常常习惯于主观地去看待事物，往往以自身的经验和自身的感受来做判断，习惯于从自身预设的既定标准来回应对方，很少能够接纳对方的看法和立场。

教师要关心学生，首先需要了解学生。要了解学生，首先需要进入学生的情绪和思想观念的参照系统，以学生的眼光去看待"学生的世界"，以学生的心情去体会学生的心情，而且，还要以他的思想推理来思考他的一切。例如，对于小红的早恋问题，作为教师，我们不希望中学生这么早谈恋爱，因为中学生无论是对自身情感还是对对方情感的把握深度都不够，一旦发生爱情，就会分散自己的注意力，自然会影响学习。但如果我们尝试进入她的处境和身份（一个从小父母双亡，与严厉、苛刻的姨妈生活在一起的女孩，长期渴望别人对她关心和关注，希望得到温暖，而有一位男生恰恰对她非常关心和关注，让她感到温暖，这就满足了女孩的期望和心理需要，她便不顾外界的一切阻力维持与这个男孩的恋爱关系……），当我们放下主观的看法，设身处地地进入她的内心世界时，就能用同理心感受她对这份早恋的特殊感受了，对她的同理心自然就会出现，也就不会再用警告的口吻谈话了，而是从更理解她和更爱她的角度与她沟通。

（二）真诚

1. 教师对学生的真诚是一种教育的力量

学生对教师施加的教育影响是有选择地接受的。这种教育影响选择接受的程度取决于学生对教师的接受程度。学生在与教师的交往中只有感到被信任，可以充分展示自己的生命全貌之后，才愿意去回应，给教师信任感，接纳教师。这种师生之间的真诚沟通品质是双向互动地成长和培养的。学生对教师的信任度和接纳度有多高，对教师所传递的教育影响的接受度就有多高。

学生对教师的言行是否一致非常重视。在一个言行一致的教师那里，学生的第一个心理体验是安全感，他不必担心这个教师的要求会前后不一致，不必担心教师会情绪化地变更对学生的各种管理措施，也从一个始终能够对他们关怀的教师那里得到稳定的情感支持。学生与表里如一、言行一致的教师沟通，本身就是在学习如何进行健康的情绪管理，让自己从这个榜样身上学习做一个表里如一、言行一致的人，学习对人真诚、信赖的品质。

2. 教师向学生表达真诚的技巧

教师对学生的真诚是工作的职业道德，也是教育工作成功的一个重要条件，同时也是教师本身需要不断成长的生命本质。真诚，对于每个人而言，都是需要在平时的工作和个人的修养中去培育、成长的重要品质。

在我们的生活和社会经验中，我们因为与持不同价值观和为人处世原则的人共处，也接受了不同的社会影响，其中有良性的，也有不良的。在这种社会化的过程中，我们形成了一个个自我面具，在与人沟通时用于自我防御。教师在工作中，有时也会习惯性地戴着假面具来与学生交往，不仅让自己很累，也会让学生感到教师做人不真实，感到教师与他们沟通时在自我防御，教师只是在按既定的工作职责工作而已。

教师在与学生沟通时，往往会很在意在学生面前保持"我是一个教师"的完美形象，对自己要求太高。例如，期望自己在学生面前扮演"全人"的角色，久而久之，做人应该保持的质朴、诚实、坦白、对人无防备等真诚的品质逐渐淡化了，结果一言一行很容易从这个面具的自我保护感出发来影响学生。

那么，一个教师怎样才能把自己的真诚传达给学生呢？有以下一些技巧：

（1）自我接纳与自信。自我接纳是指教师有勇气面对自己的内心世界，去探索、了解自己内心世界软弱、阴暗和脆弱的地方。在这个接纳自己的过程中，我们可以对别人的内心世界感同身受，可以体验到每个人都有他软弱、阴暗和脆弱的一面，每个人都需要得到外界的支持和宽容。这种通过进入自身内心世界、正视自己内心世界的方法，本身就是一个真诚的品质成长的过程——我们越是能够接纳自己内心世界中软弱、阴暗和脆弱等过去不愿正视的一面，就越容易放下自我防御的面具，越能够在与人沟通时流露出源自内心深处的真实，也就越有人情味，越能够对学生产生感染力。自信源于对自己的了解和由此产生的安全感、自在感。当一个教师在心灵深处感到安全时，就不会耗费时间和精力来构建种种防卫面具，不需要伪装和防御，那么，自然地，他会给他的学生带来安全的沟通氛围，也就能帮助学生在这种人格力量的感染下接受他的正面影响了。

（2）在恰当的时候勇于向学生承认自己也有无知、犯错误、存在错误偏见的时候，有分寸地向学生承认自己不是一个完美无瑕的人。因为接受了自己的不完美，也就可以接受学生的错误、无知和不完美，这样的表达可以拉近与学生之间的距离。

（3）在与学生相处时，为学生事先制订教育计划时，要有明确的"教师意识"，但在对学生实施这些计划时，又要把自己当作与学生平等沟通的朋友。

（4）向学生表达真诚的自身体验，不是无条件地、自由地向学生"倾诉"自己的心态。如果说出来的亲身感受对学生没有帮助，就没必要说出来。

（三）接纳与尊重学生

1. 接纳与尊重学生的人性观

接纳和尊重是这样的一种心理品质：教师相信学生是一个有价值的人，并想尽一切办法让学生相信他自己是一个有价值的人，并帮助学生相信他的老师即使对他的某些行为和想法不认同，而且它们必须要被改变，但是，他在老师的眼中仍然是一个有潜力和价值的人。"自己即使有缺点和不足，但是老师仍然喜欢自己，仍然接纳自己"，老师不要求学生先变得完美，先改正错误，然后才接受他，而是始终无条件地相信学生有朝好的方向无限发展的可能性，这是接纳较完美的品质。事实上，许多学生在他们成长以后，常常会说是老师起初无条件地接纳他们才让他们对自己产生信心，产生改变自己的力量和动力。

他们是在这种正面心态下才有真正的进步的。

因此，从以上的分析看出，教师对学生尊重和信任的程度在于他对人性的界定。

2. 尊重与接纳学生的内涵

尊重与接纳学生是教师对学生爱的表现，也是教师对学生爱的能力的体现。当一个教师真正地爱一个学生的时候，也是他最相信学生有无限发展的可能性的时候。教师对学生的爱与教师对学生的接纳是紧密相连的。然而教师对学生的尊重与接纳不是对学生无理由的溺爱和迁就，恰恰相反，对学生真正的尊重和接纳包含了以下几方面的内涵：

（1）对学生的尊重和接纳并不等于赞同学生的不良行为。一个学生作为一个人的价值与这个学生的不良行为是两个不同的范畴，教师尊重与接纳的是学生作为一个人的价值，学生所做的一些行为可以不接纳、不赞同。

（2）对学生的尊重和接纳并不等于教师不能拥有自己的价值观和思考模式，尊重和接纳学生是指教师即使有自己的价值观和思考模式，但仍然给予学生一个自由表达自己的空间；即使学生还没有进步，但仍然给予学生进步的力量。

（3）尊重和接纳学生也意味着让学生在表达他们自己的内心世界时，不轻易下判断，不对学生随便做出"好"或者"坏"的判断，而是先进入学生的内心世界无我地聆听，给予学生充分的宽容，让学生去表达和自我觉察。这个原则也可以通过在普通人际关系中运用得很成功的"沟通者的誓言"来体现，即"无论我是否同意你的观点，我都将尊重你，给予你说出它的权利，并且以你的观点去理解它，同时将我的观点更有效地与你交换"。

（4）教师对学生不轻易下判断，给予学生充分的空间去表达自我的同时，在内心深处始终对学生未来的良性成长持积极的态度。

这里所论述的三个有效促进师生沟通的心理学原则在我们的教育活动中需要贯彻整个教育过程。它们是教师帮助学生培养良好的素质所必需的沟通理念，也是教师与学生积极沟通的重要途径。

四、与学生沟通的方法和技巧

当学生有问题时，多数教师都能够感觉出来。但是，对教师来说，仅仅能看出问题是不够的，还需要进一步解决问题，而师生之间能否有效沟通是解决问题的关键。美国著名学者卡耐基在其早期名著《怎样赢得朋友，怎样影响别人》一书中根据自己的大量成功经验，总结出了给人良好第一印象的六条途径，分别是：①真诚地对别人感兴趣；②微笑；③多提别人的名字；④做一个耐心的听者，鼓励别人谈他自己；⑤谈别人感兴趣的话题；⑥以真诚的方式让别人感到他很重要。

卡耐基曾经以他的经验帮助许多人成功地改善了人际关系，并使他们获得了事业上的成功。这些经验对我们教师也有很大的借鉴价值。下面谈谈师生沟通方面的方法与技巧。

1. 上好第一堂课，给学生以良好的第一印象

所谓第一印象，就是在与陌生人交往的过程中，双方所得到的关于对方的最初印象。

"良好的开端是成功的一半。"许多实验研究表明：最初的印象具有高度的稳定性，后面的信息甚至不能使其发生根本性的变化。第一印象在人际交往中具有重要的作用，我们常常凭借对方给我们的初次印象来决定对他们的整体评价。

教师在与学生交往时，教师开始传递信息的方式往往决定了与学生沟通的结果。因此，教师应该十分重视与全体学生的第一次见面（一般为第一堂课）。如果教师漫不经心地与学生初次见面，几句话就会使学生的注意力分散，甚至使他们厌倦，进而拒绝教师传递的信息。教师不仅要注意穿着得体、仪态大方，更应注意对学生说话的语气、语调、音量及讲课的内容。因此，教师应该事先做好充分的准备，必要的时候甚至可以自己多练习几次对学生的第一次讲话。第一次讲话既要表现出教师的文雅、大方、亲切与和善，还要展现教师的学识、理念、教法和自信，更要明确教师对以后教学工作的设想及对学生今后学习的相关要求……

2. 使用恰当的词汇能促进理解，避免冲突，迅速拉近教师和学生间的距离

教师讲话目的是营造出一种积极祥和的氛围，让学生能够接受教师的观点或愿意，参与有关活动。因此，教师所使用的语言在其中起着相当关键的作用。下面是一些用词技巧：

（1）多使用"我们"代替"我"和"你"，能够立即拉近教师和学生之间的距离。因为"我们"让学生听后感到亲切而平等，而"我"这个词关注的是自己。

（2）使用"我们将要看到／发现／思考／关注／考虑／讨论"代替"我希望你们今天做……"。这种句型向学生传达的信息是：虽然是老师指明了方向，但学生是动作的主动实施者。

（3）问学生"这个问题我们该怎么办"或"关于这个问题我们都知道些什么"，表示你对学生的想法很感兴趣。

（4）用提问的方式和商量的口气比使用命令句型更能表明教师的态度：控制并非你唯一关心的，你还希望学生感受到你对他们的尊重。

（5）用合作及集体参与的词汇能够鼓励学生，如帮助、支持、思考、观点、提供、建议、猜测、预测。

例如，将"要弄清这个问题，你必须先理解这个定律……"转换为"要弄清这个问题，让我们一起先分析这个定律……"；将"上次考试中，你们班级……你们应该……"转换为"上次考试中，我们班级……我建议大家……"。在转换后的句型中，教师不仅向学生传达了自己的希望、建议及要求，同时还把自己置身于学生之中，作为学生中的一员，使学生感到亲切自然、充满力量，而且这种表达突出了学生的主体性，能更好地激发学生主人翁的态度与意识。

3. 用好过渡性语言

课堂是师生交往的主要场所。课堂上师生交往更多的是"一对多"的交往，教师应注意恰当地使用一些过渡性的语言来提示学生改变教学内容或活动项目。这些词汇包括"现在""大家听好了""好了""让我们稍停一下""我们先到这里"等，然后是一般性的指令："请把手里的笔放下，抬起头，听我说""我们完成以后……""大家还有一分钟时间……"等。这种情况下，教师在选择合适的表达方式的时候应该注意自己所说的话对学生的影响，要保证口气和语言的中立性。

4. 将"不接受语言"转变为"接受性语言"

"不接受语言"往往基于个人的主观意识,忽略别人的感受,不留余地地对别人进行评价,结果造成对方的不悦。这种表达方式容易变成责备、命令的口吻,使对方抗拒、畏缩。

所谓"不接受语言",是指对有问题的人所表达的意思往往是他"必须"改变,"最好"改变,"应该"改变。这样的语言很容易变成蛮横、命令或威胁,给出的是多余的劝告。它们有时甚至会让对方觉得你对他的问题根本没有兴趣,你只是在单方面表达你个人的意思。所以,这样的语言对于改善和促进双方人际关系没有任何帮助,属于无效沟通。

与"不接受的语言"相对的是"接受性的语言"。所谓"接受性的语言",是指对对方能够设身处地地产生同感和了解,令对方开心、喜欢,愿意敞开自己的心扉并乐意接受帮助,解决自己的问题。

当教师学会用"接受性语言"让学生感受教师对他们的理解和接受时,师生沟通才会产生有效的良性循环。当今时代,作为教师,掌握专业咨询员常用的谈话技巧已经不是一件难事,而且也很有必要学习其中实用、细腻的沟通规则,这会给比较抽象的教育学理论注入活力。

下面一组"不接受的语言"可转变为"接受性语言":

(1)"你怎么还在这儿!还不快去做事情?!"(批评口吻)接受性语言(提醒的表达)是"时间到了,我想你应去做事情了"。

(2)"你放学后到我办公室来完成作业!"(命令口吻)接受性语言(指导的口吻)是"我发现你对老师讲的内容有些还不理解,你放学后到我办公室来,我们一起讨论"。

(3)"如果你还不改正缺点,就叫你的家长来见我!"(恐吓口吻)接受性语言(想了解学生的心理反应)是"老师希望你改正缺点,有困难就来找老师,好吗?"

(4)"我不相信这是你做的。"(怀疑口吻)接受性语言(鼓励学生的表达口吻)是"我相信你会做得很好"。

(5)"你究竟有没有照我的意思去做?"(质问口吻)接受性语言(想帮助、提示反省的口吻)是"你好好想想我说的话,如果正确,你能否照我说的去做?"

（6）"真不知道你是怎么想的？"（奚落口吻）接受性语言（亲切的交流口吻）是"我想了解你是怎么想的？你能告诉我吗？"

5. 做一个很好的倾听者

当学生犯错误时，很多教师习惯于采用批评的教育方法，但这并不是最正确的方法，也不能较好地解决问题。要使问题得到本质解决，教师还需学会倾听。只有积极聆听学生的诉说，教师才能捕捉到学生的动机与需求，准确地找到问题的切入口，走进学生的内心，选择学生愿意接受的方式，从根本上解决问题。

在倾听时，不要随意打断对方说话，应该凝视对方（但目光接触的时间不宜太长，否则会使学生心理紧张）且面带微笑，频频点头并发出认同对方的"嗯……""是……"之类的声音，表示接纳和有兴趣聆听的意愿，并主动制造各种互动的机会，如适当地提一些简单的问题有利于沟通的进行。但提问的方式值得注意。教师一般应提开放式的问题，因为这类问题没有一个简单的答案，回答没有固定的模式，让学生有更好的发挥空间，更好地表达自己的意见。例如，"你喜欢我们的班级吗？"这样的问题就具有局限性，学生唯一的回答就是"喜欢"或"不喜欢"。如果换个角度问"你喜欢我们班的哪些方面？"这样学生的回答没有固定的模式和规则，可以沿着这个问题所提供的话题，充分地提供细节和信息。

6. 经常向学生表示感谢

有时学生一些错误的行为举止其实都是教师引导不当的结果。相反，对于那些善于关注积极事物的教师，我们常听到的是下面这些话："回答得不错！谢谢你主动举手回答问题""谢谢你专程跑来把这件事的真相告诉老师""谢谢你与我们分享你的故事""谢谢同学们的理解""谢谢大家的帮助""谢谢你懂得课堂上不能嚼口香糖"（这是与一个正在嚼口香糖的学生说的，他马上就把口香糖包起来扔掉了）……

不出所料，学生也会尽量满足教师的期望，因为教师让积极的行为受到了表扬和鼓励。这里我们不是说积极的教师上课时就从来不会遇到消极的事情。当然也会，但是在他们的课堂上，消极的事情发生的概率非常小，而且通常也被处理得非常得当。这样，反过来又进一步激励和鼓舞了学生良好的行为举止。优秀的教师深知，关注课堂上积极的事物能够培养和造就积极的行为，从而遮住并最终完全吞没所有的黑暗。

记住，说声"谢谢"不会让我们损失什么，但它却向学生示范了得当的行为举止、让学生得到了欣赏、鼓励学生不断进步、有助于建立一个积极向上的学习环境！经常向学生表示一下感谢吧。

7. 恰当地运用声音及肢体语言

人与人面对面沟通时的三大要素是文字、声音及肢体语言。一般人常强调说话的内容，却忽略了声音和肢体语言的重要性。行为科学家经过60年的研究发现，面对面沟通时，三大要素影响力的比例是文字7%，声音38%，肢体语言55%。其实，沟通就是要达到一致性及进入别人的"频道"，即你的声音和肢体语言要让对方感觉到你所讲的和所想的十分一致，否则，对方将无法接收到正确信息。因此，在沟通时应不断练习内容、声音、肢体动作的一致性。

教师有意识地运用好体态语言能增强与学生的沟通效能。教师应从下面几个方面提高自己体态语言的运用效果：

（1）着装活泼而不失庄重、时尚而不张扬，并且比较符合个人风格。

（2）"眼睛是心灵的窗户"，教师要用自己的眼神表达出对对方的友好、重视、关心等意思，同时也要让眼神成为鼓励学生、拉近师生心理距离的有效方式。

（3）"双目微眯、嘴角微翘、面带微笑"的亲切和善的面部表情是与学生建立并保持心灵接触的前提，是进入学生情感世界的"通行证"，也是教师在工作时应有的常态表情。

（4）将我们的手势与我们的神态有机地结合起来对学生表示赞扬，如经常面带微笑地向上竖起我们的拇指对学生进行称赞、肯定或表扬。

8. 善于捕捉沟通时机

学生的情感体验与其需要是否得到满足有直接的关系：如果其需要得到满足，便产生积极的情感体验；如果其需要得不到满足，便产生消极的情感体验。当一个人陷入某种困境或心理上的困扰时，若能得到他人及时的帮助，便会产生一种"感激、报恩"的心理，彼此间更容易达到"心相通意相融"的境界。学生最需要爱护、理解和引导的时候，也就是师生感情沟通的最佳时机。

当学生在学习生活中有某种强烈且合理愿望并迫切希望成为现实时，或当学生正遭遇某种困境而急需帮助时，教师若能抓住时机，及时地给予满足，则有利于学生接纳自己，并主动改正缺点，促进成功。教师要在日常生活中多与学生聊天，在放松的情境中洞悉他们的思想倾向。当学生遇到挫折时，适时给予鼓励；当学生遇到困难时，及时伸出援助之手；无论是优等生还是学困生都有成功的潜能，有成功的愿望和需要，学困生也可以在原有基础上获得多方面的成功。当学生在某方面有进步、取得成绩时，教师就应及时给予肯定，使学生产生一种成功的喜悦感，并继续朝着教师期望的方向发展。这些都是与学生沟通的好时机。

9. 教师要学会"忽略"

忽略需要智慧！"水至清则无鱼，人至察则无徒。"一个教师要想拥有和谐的师生关系就必须学会忽略。优秀教师具有了不起的忽略能力，并不意味着他们健忘——优秀教师几乎能意识到教室里发生的每件事，但并不意味着他们一定具备强大的耐力，而是体现出他们对学校日常情况的掌控。他们知道，一两名学生如何能够轻而易举地打断大家的学习节奏，他们也知道什么时候保持原来的节奏，什么时候显示自己的立场，以及如何在避免进一步分散学生注意力的情况下平息小小的骚动。例如，如果班上有三个学生在不适当的时候聊天，教师可能会说："大家请安静。"这三个学生会做出不同的反应。一个说"对不起"，然后不说话了。另一名学生只是闭上嘴，低下头。第三位学生反驳说："说话的不只是我们！"这个时候，教师面临两种选择：有的教师可能马上反击——"但我刚才说的就是你们几个！"于是一场小冲突升级为意志的对决；有的教师则可能对那名学生的话暂不理睬，让冲突平息，事后再教育该学生。成功的教师是自我控制的榜样，他们对课堂的管理基于他们管理自己行为的能力。

教师必须清楚在什么情况下选择哪种方法。有些情况完全可以预测；有些情况则不期而至。教师往往必须及时做出判断。优秀的教师会从多年经验中总结出哪些问题需要当机立断，哪些可以等待更合适的时机再去解决。

忽略意味着理性地容忍学生的一些小错误。我们常常看不见自己的错误，尽管我们认为，遭遇别人的批评，我们会更加努力。但是某些时候，得到的批评过于频繁，我们反而可能彻底放弃。学生就会出现这种情况：如果教师说"不"说得太多，他们就会充耳不闻。举个例子，如果我们希望某位学生写出有激情、有特点的东西，我们或许就得容忍他们写出的作品中不时出现的标点错误，这样他们才会乐意在写作中不断尝试，不断进取。如果我们总是挑学生写作中的小毛病，他们最终就只会使用一些自己会写的简单词语，写很短的句子，以避免被批改得满篇红字。对于那些有天赋的学生，情况更是这样。

10. 用真挚的关爱架起师生间心灵沟通的桥梁

著名教育家魏书生老师曾经讲过："教师应具备进入学生心灵世界的本领，不是站在这个世界的对面发牢骚、叹息，而应该在这心灵世界中耕耘、播种、培育、采摘，流连忘返。"远离学生的心灵世界，你会觉得离学生很远，工作茫然；走进学生的心灵世界，许多百思不得其解的教育难题都会找到答案。

关爱，是师生心灵沟通的桥梁！关爱，是师生关系和谐的灵魂！

没有爱就没有教育。热爱教育、热爱学生是教师最宝贵的品质。师爱是学生接受教育影响的基础，师生的情感交流与教育效果成正比。正所谓"亲其师，信其道"。师生间的和谐情感可以有效地促进教育的实施。要学生接受教育，教师就要关心爱护学生，与学生平等交往，敞开心扉与学生进行平等的交流；绝不能把自己凌驾于学生之上，更不能站在学生的对立面进行严厉的训斥或生硬的控制；要用教师的高尚品格去感染学生，用远大的理想去引领学生，用朋友的道义去规劝学生，用亲人的情怀去关爱学生。如果教师不能用爱心来对待学生，学生就会敏感地认识到教师对自己只想训斥和说教，而不是真正关心自己的成长。教师在教育学生的过程中最需要的就是真诚地对学生付出爱心，通过一个甜甜的微笑、一个轻轻的抚摸、一道温柔的目光、数次微微的点头等方式将自己的关爱无声地传递给每一个学生。这样才能走进学生的心灵世界，做学生的知心朋友。

事实证明，师爱可以引导学生产生巨大的内驱力，使学生自觉地、主动地沿着教师指引的方向前进。教师真挚的爱能给学生以亲近感、信任感、期望感。学生在得到教师的尊重、爱护以后，常常会在学习、生活中产生更大的动力；当学生遇到痛苦和不幸时，教师的尊重和爱护、同情和开导能使他们得到更大的安慰。

教师必须有一种责任感，对学生要一视同仁、公正无私，不能厚此薄彼，更不能因为学生学习成绩和行为方面的差异而有失偏颇。如果只偏爱少数几个学生，其他学生就容易产生抵触情绪，跟教师疏远，有的甚至不求上进。同时，受偏爱的学生还会在集体中被孤立起来。教师公平公正地对待每个学生，实际上就是一种最有力的爱。当教师用自己的关心、关注及关爱赢得学生的信任后，各项工作便会水到渠成：学生可能喜欢找你聊天，把心里的想法告诉你。即使对于个别"问题"学生，他也可能由原来的桀骜不驯、不求上进变得讲礼貌，专心听讲，举止规范，而且尽可能把作业做得好些！可以说，一位能关注所有学生，毫无偏袒地热爱每一位学生，能以博大的胸怀客观、公正地看待每一位学生，能把所有学生都当成"最爱"的教师，他必将瓦解学生所有的抵触情绪、消除学生对教师的心理隔阂，在师生之间架起一座坚实的沟通桥梁，赢得每个学生的支持与配合，收到预想或超出预想的教育教学效果。

物理教师如何多角地度唤醒学生学习物理的热情

人的行为是由人的思想、心态决定的。积极的心态是一种潜在的素质，是克服困难推动学习活动的内在动力。初中学生由于实践经验、生活阅历及知识储备等局限，学习物理时总会存在这样或那样的困难。物理教师若能结合教学实际，尽快消除学生心中的困惑，使学生在物理学习方面树立良好的积极心态，将会收到事半功倍的教学效果。我从以下几个方面谈谈自己的做法。

一、良好的开端，唤起学生好奇心，激发学生探究动机

良好的开端是成功的一半。初二物理序言课是学生学习物理的第一堂课，第一堂课的好坏对学生的影响是深刻且持久的。因此，作为物理教师要极其重视上好序言课。我通常这样设计序言课：

先让学生观察几个有趣的实验，如纸锅烧水、尖端放电、电磁相互作用、冷水把热水"浇开"、惯性小车等；然后讲解日常生活生产中的一些现象，如衣服变干、声音的发生和传播、物体的运动、光的照明和电的应用等；接着通过多媒体展示，将更多精彩的物理现象立体地展现在学生面前，使学生感受到物理涉及力、热、声、光、电、磁等领域，有趣的物理现象就在自己身边，我们生活中几乎时时处处都包含着物理现象及原理，物理学就好似一把开启自然奥秘的"金钥匙"，使学生对物理产生强烈的好奇心，从而唤起他们学习、探究物理的浓厚兴趣。

二、巧设悬疑，激发学生兴趣，活跃学生思维

世界著名物理学家爱因斯坦说过："兴趣是最好的老师。"只有当学生对问题本身感兴趣时，才能和老师一起思考。初中学生对自然现象及规律本身有

着强烈的探究欲望。心理学提出："疑"是深入研究知识的起点，因此教师在物理教学的过程中要从学生已有的知识出发，对概念的引入、呈现和深化及对规律的揭示进行精心设计，创设问题情境，即巧设悬疑，激发学生对新问题的兴趣与思考。

例如，在讲"惯性现象"这一节课时，我将一个可乐瓶放在一张试卷纸靠边缘的地方，然后问学生：当我拉动试卷纸时，可乐瓶将如何运动？当学生充分发表各自的观点意见之后，我再分别以不同的速度拉动试卷纸，学生惊奇地发现原来有多种可能性，从而带着满腹疑惑往下听课；在讲"蒸发"这节课时，我左、右手分别拿着两块纱布，分别蘸上水和酒精，并同时在黑板上分别画上大小差不多的"一竖"，让学生观察会发生什么现象，并思考为什么会出现这种现象。出奇演示，激发兴趣；在讲"机械能"这一节课时我提问：奥运跳水冠军伏明霞在跳水过程中机械能是如何转化的？物理问题与体育比赛联系起来，既调节课堂气氛又吸引学生注意，更活跃学生思维。

三、放手实验，调动学生热情，树立学生独立创新意识

物理学是一门以实验为基础的学科，其直观性和可操作性比较强，通过实验容易使学生掌握抽象的概念，如重力、压强等。实践证明，即使学习基础较差的学生也同样对物理实验有着浓厚的兴趣。

过去因条件限制，教师常以"讲实验、画实验"代替学生动手操作，学生动手实验较少。随着时代的进步，物理教师应积极地创造实验条件，给学生更多实验的机会，在实验中激发学生的探究精神、锻炼学生的动手操作能力、培养学生的创新能力，让学生由此养成实事求是的科学态度并掌握实验探究的科学方法。

另外，物理教师要引导学生重视物理"小实验"、科技小制作。这些"小实验"、小制作具有器材简单、小巧、实验环境要求不高、易操作等特点，是课堂教学的补充和延伸。它不仅能巩固和深化课本知识，而且有利于培养学生的实验技能、运用知识解决实际问题的能力，增强学生思维的独创性。

四、引经据典，培养学生科学的态度和坚韧不拔的品行

物理学史是人类对自然界中各种物理现象的认识史，它展示了物理学产

生、发展的规律，说明了物理学中的基本概念、定律和理论体系的酝酿、产生和发展的辩证过程，不仅体现了物理学家正确的思想方法和研究方法运用所产生的宝贵理论成果，更重要的是给后人留下了值得深思的物理学的研究思想和科学家严谨治学的态度。在物理教学中，教师结合教材实际，补充和讲授相关的物理学史，不仅可以培养学生的学习兴趣，激发学生的爱国热情，使学生形成科学的思想方法和研究方法，而且能促进学生不断创新的科学精神及严谨务实的科学态度等优秀品质的形成。

运用杨振宁、李政道等物理学家在物理方面的卓越成就激发学生的民族自豪感和勇攀高峰的自信心；伽利略的理想实验是以可靠的事实为基础的，不仅指出了亚里士多德的错误认识，更重要的是他对物理学的观察、实验、抽象、逻辑、想象、推理等研究方法的综合运用，其思想潜移默化地对学生产生了影响，有助于学生不畏权威、实事求是作风的形成；法拉第继奥斯特发现电能生磁之后，提出磁也能生电，正是这种科学预言成了他坚持十年研究的强大动力，使他终于发现了电磁感应现象。这些科学思维和研究方法无处不撞击、启迪着学生的创新思维和创新灵感。而像"曹冲称象"和"阿基米德巧辨王冠是否纯金"等故事，无不好似一针兴奋剂，激发了学生对相关知识浓厚的学习兴趣。

五、鼓励表扬，增强学生信心，提高学习积极性

鼓舞学生斗志的莫过于教师的表扬，激励学生奋进的莫过于让学生不断体验成功。而表扬是最好的激励机制，能有效调节学生心态，激发学生学习激情。

成绩好表现突出的学生，教师以客观、诚挚的态度，不失时机地给予中肯适宜的评价，能及时满足学生渴望成功的心理愿望，激励学生在成功的愉悦中更好地自我调控，争取做出新的出色表现。

学习成绩较差，性格内向，自卑感较重的学生，我从不歧视、挖苦、冷落他们，而是采用主动接近、诚恳帮助的办法，创造机会让他们表现自己，让他们品尝到成功的喜悦。习题有难有易，且学生解题思路各异，方法多样，在上课时，教师把较易回答的问题、较易做的题让基础较差的学生解答，对他们学习思考中的闪光点要及时加以肯定；而批改作业时对他们的错误详细改正，并写下中肯的勉励性的评语。任何微小的成功都有利于增强他们的信心，教师应

用"放大镜"去寻找他们的"优点",他们学习中的进步应大讲特讲,鼓起他们信心的风帆,使他们享受到成功的喜悦,形成兴趣—成功—兴趣的良性循环。

六、情感切入,唤醒学生情志,挖掘学生潜能

在实际教学中常有这样的现象:有的学生因对某教师反感而不愿上他的课,而有的学生却因为对某教师感到亲切而很喜欢上他的课。正所谓"感人心者,莫先乎情"。情是打开心扉的钥匙,是沟通心灵的桥梁,教学过程就是师生情感双向交流的过程。师生间只有心灵相融,情感相通,才能配合默契,教学相长。

为了与学生建立良好、融洽的师生关系,使学生感到教师可亲可敬,我利用各种机会与学生多接触,了解他们感兴趣的事。在平时的教学中,我要求自己对所带班级像班主任一样记住每个学生的姓名,常与学生促膝谈心,倾听他们对足球、电影、港台明星、日常生活琐事的看法,也给出自己的意见,力求成为学生的良师益友,积极创造条件跟学生一起参加体育锻炼、公益活动等。共同的兴趣爱好及投机的话题很快缩短了师生间的距离。

当学生对物理有疑问时,教师要耐心倾听他们的提问,并循循善诱帮助其解决,上课时总是以饱满的热情去感染、激励学生。在物理教学过程中,教师应该关注每一位学生,尊重、热爱每一位学生,让每一位学生都能享受到成功的喜悦,尤其是对一部分后进生,任何一堂课都不要冷落他们,要为他们解决问题提供平台,让他们也能在一个没有精神压力的宽松环境中愉快地学习。当一个学生对他的老师产生了信任感时,才可能"亲其师,信其道",才可能在学习物理的全过程中始终处于兴奋状态,从而主动、自觉、积极地学习。

健康的思想、良好的心态是产生积极行为、取得最佳效果的关键。"一切卓有成效的工作,必须是建立在对本职工作的满腔热情基础之上的"。教育事业是一项爱的工程,只有教师真正地、满腔热情地投身于教育事业,热爱每一个学生,才有可能真正充分地调动学生学习的热情,使他们在自尊、自爱、自信、自强中健康成长。

第五章

教研与科研

教育研究有科研与教研之分。科研，这里是教育科研或教育科学研究的简称。它是以教育科学理论为武器，以教育现象为对象，有目的、有计划、系统地采用科学的态度与方法研究教育现象，提炼教育经验，发现教育规律的一种创造性实践活动。它是一种较高层次的研究活动，其成果直接为教育实践和教育未来服务。教研，这里是学科教学研究的简称。它是在一定的教育科学理论的指导下，依据教学大纲、教材，对教和学提出的教学目的和要求，针对学科教学中具体的教学现象和出现的实际问题进行微观的分析和研究，总结出具有指导意义的教学规律的研究活动。所研究的内容直接来自教学实践中的问题，研究的成果直接为教学实践服务。因此，它是具有群众性、普及性和应用性的教育研究活动。

教而不研则浅，研而不教则空。教研与科研既相互区别又相互联系。两者的区别主要体现在研究对象、研究内容、研究目的、研究过程、研究方法和成果的应用范围等方面。但教研与科研从根本上说是一致的，都是基于教育教学中问题的研究，两者密不可分。教研为科研提供素材，丰富科研内容；科研为教研提供理论支持，科研促进教研、科研指导教研。教研与科研不仅是教育管理的两个抓手，也是帮助教师转变教育观念、改进教学方法、提高教学质量和促进教师从"经验型"向"专家型"转变的必由之路。

　　教研活动的形式多种多样，如备课、说课、听课、评课、议课、学情分析交流、教材分析、教法和学法研究、试题设计研讨、优质课评比、教学能手评选、教育教学理论学习、教学质量分析活动等。由于篇幅所限，本章没有面面俱到地阐述每种教研活动的具体组织过程及要求，只是介绍了最常见的"说课、听课和评课"三种教研活动的方法及注意事项等。而对于科研，本章先介绍了课题研究的基本方法与步骤，然后理论联系实际，先呈现我主持过的一个省级子课题的"开题报告、研究报告及典型案例"，接着呈现我主持过的一个市级教育科学规划课题的"结题报告"，让读者通过实际案例了解课题研究的过程与方法，并掌握课题研究相关文本的格式与要求。

中小学教师怎样进行说课

——重点对"教什么""怎样教"和"为什么这样教"进行阐述

一、何谓说课

所谓说课，就是教师以教育教学理论和教材为依据，向同行、专家或领导有准备地就某一节课分析教材的地位作用和学生现有的认知基础，叙述教学目标，选择恰当的教学方法和学习方法，讲解教学预案的设计思路，是一种教学研究和交流的形式。它既可以是课前对教学方案的叙述和讲解，也可以是课后对教学设计的介绍与分析。原则上每次说课范围为一课时教材的内容，包括说教材分析、说教法学法、说教学程序等。在整个说课过程中，把握教学大纲是准绳，吃透教材是基础，用教育教学理论指导教学过程是关键。通俗地讲，就是要说清"教什么""怎么教""为什么这样教"。说课以说为主，是教师对教案本身的分析和说明，是一种以口头叙述为主的教案分析。

二、说课内容

说课要求"六说"，即说课标、说教材、说学生、说教法、说训练和说程序。

课标是教学的依据；教材特点和学生情况既是教学的出发点，又是教学的归结点；教法是根据教材的特点和学生的情况选择的，是达到教学目标的手段；训练包括课内的和课外的，是培养学生能力的途径；程序则是优化教学过程和优化课堂结构的教学方案。"六说"构成说课的整体内容，也构成课堂教学的全过程。

1. 说课标——叙述本课题在课程标准中的原则和要求

说课标就是要把课程标准中的课程目标（三维目标）作为本课题教学的指导思想和教学依据，从课程论的高度驾驭教材和指导教学设计。说课标，关键要说明有关课题教学目标、教学内容及教学操作等在课程标准中的原则性要求，从而为自己的教学设计寻找有力的依据。说课标，可以结合到说教材中进行。

2. 说教材——叙述对教材内容的分析、理解和处理

教材是课程的载体，是学生学习的对象和内容。把握教材是教师传授知识、实施课堂教学的重要依据。教师只有对教材理解透彻，领会教材的意图，才能制订出较圆满的教学方案，为课堂的有效教学奠定良好的基础。说教材一般要说清以下四个方面的情况：

（1）介绍本课时的地位、作用和意义，说清楚教材的编排意图或知识结构体系。

（2）说清楚如何依据教材内容来确定本节课的三维教学目标或任务。

（3）说明如何根据教材内容和学生实际状况对教学内容进行适当的调整、增删等，并说明这样处理教材内容的理论依据、目的、作用等等。

（4）说明教材处理上值得注意和探讨的问题。

3. 说学生——说清如何根据学生的情况来让学生学会并会学

现代教育对受教育者的要求不仅是学到了什么，更主要的是学会怎样学习。在教学中，学生始终是主体，教师只起主导作用。教学矛盾的主要方面是学生的学。学生情况是教学的主要依据，重难点的确定、教法的选择、课堂训练的设计及学法指导等都应根据学情而定。因此，在教学中教师要对学生的基本情况摸清楚，做到心中有数、有的放矢。说学生，把学情提出来分析，就是为了加强教与学的针对性，使教师的每一分努力都能作用在全部学生身上，设法教给学生好的学习方法，让学生养成良好的学习习惯并学会学习（如自学、迁移、尝试、操作、发现、交流与合作等方法），提高课堂实效。具体来说就是要说清两大问题：

（1）针对学生状况及教材特点，学生宜采用怎样的学习方法来学习它，这种学法的特点怎样？如何在课堂上操作？

（2）在本节课中，教师要做怎样的学法指导？怎样使学生在学会的过程中达到会学？怎样在教学过程中恰到好处地融入学法指导？

4. 说教法——主要说明教学方法的选择及教学手段的运用

说教法是优化课堂教学的主要方面。教学有法，教无定法，贵在得法。教学方法具有多样性、综合性、灵活性、发展性等特征，所以教师要学会根据教材的内容、学生的实际、学科的特点、教学设备的情况及自己的特长等来选择合理科学的教学方法，最终实现"教是为了不教，学是为了会学"。

说教法，应说出"怎么教"的办法及"为什么这样教"的根据。具体来说要做到以下几个方面：

（1）要说出本节课所采用的最基本或最主要的教法及其所依据的教学原理或原则。

（2）要说出本节课所选择的一组教学方法、手段，对它们的优化组合及其依据。无论以哪种教法为主，都是结合学校的设备条件及教师本人的特长而定的。要注意实效，不要生搬硬套某一种教学方法，要注意多种方法的有机结合，提倡教学方法的百花齐放。

（3）要说明教师的教法与学生应采用的学法之间的联系。

（4）要重点说说怎样突出重点和解决难点，解决难点的方法和依据是什么。

5. 说训练——主要说明训练的目的、训练方式、训练题目的设计

训练是培养学生能力的主要途径，是教学的重要环节。课堂教学中的训练，要根据学习目标来设计，为目标服务。

训练一般分为形成性、巩固性、分层能力训练三种类型。其作用主要是：

（1）主要检查学生对概念、定义等基础知识的理解程度。

（2）帮助学生掌握知识。

（3）根据学生掌握知识的情况，使上、中、下三类学生通过此练习都有所得，培养能力。

6. 说程序——叙述整堂课的教学流程（各个教学环节的实施过程）

教学程序是否合理，是否符合认知规律是课堂教学是否优化的标准之一。说教学程序时，要把教学过程设计的基本环节说清楚，但并不是像教学预案中那样详细说明教学的具体内容和过程，只要向听讲人说清楚"教的是什么""怎样教""为什么这样教"就可以了。也就是说，说程序就是要说出对教学预案中几个主要环节安排的理论依据和说课者对它的理解，从而使备课建立在严密的理论基础之上。说教学程序是说课的重点部分，因为通过这一过程的分析才能看到说课者独具匠心的教学安排，它反映着教师的教学思想、教学个性与风格。也只有通过对教学过程设计的阐述，才能看到其教学安排是否合理、科学，是否具有艺术性。

通常，说教学程序要说清楚下面几个问题：

（1）说出教学全程的教学环节安排。一堂新课（这里以新课为例来说明）往往包括新课导入、新课讲解、巩固新课、评价与反馈、归纳总结等基本环节，说教学程序就是要把"课前预习准备情况；新课怎样铺垫与导入；新课怎样进行（对教材的理解和处理）；教与学双边活动的组织安排与调控，时间如何支配；练习的设计安排；课内如何引导学生反馈、评价与总结"等环节说清楚。但其具体内容只需概括介绍，不能按教案像给学生上课那样讲。

（2）说明采用哪些教学手段辅助教学。例如，说明什么时候、什么地方用，这样做的道理是什么。

（3）说明对教学过程做出动态预测，对可能出现的问题和发生的变化，教师应采取什么策略及其依据。

（4）说教学程序还要注意运用概括和转述的语言，不必直接照搬教案"照本宣科"，要尽可能少用课堂内师生的原话，以便压缩实录篇幅。

（5）说明本节课的板书设计和设计意图。

（6）扼要说明作业布置。

三、说课要注意的问题

鉴于说课与备课、上课的区别与联系，教师在说课时应注意以下几个问题：

（1）说课不是备课，不能按教案来说课。

（2）说课不是讲课，教师不能把听说课的领导和教师视为学生，不能像正常上课那样讲。

（3）说课既不是"背课"，也不是"读课"，而要突出"说"字。既不能按教案一字不差地背下来，也不能按说课稿一字不差地读下来。一节成功的说课，一定是按照自己的教学设计思路，有重点、有层次、有理有据地说。

（4）说课的时间不宜太长，也不宜太短，通常可以安排一节课的1/3 ~ 1/4时间。

（5）注意发挥教师自身的教学个性和创新精神，防止生搬硬套。

（6）注意运用教育理论来分析研究问题，防止就事论事，使说课处于"初级阶段"。

（7）注意避免过于表现理论依据，脱离教材、学生、教师实际，空谈理论。

（8）说课与上课结合。说课往往是教学的一种主观愿望，是否科学，还要通过上课这一实践来检验。

（9）说课与评课结合。说课者固然要充分准备，听课者、看课者也要做一定的准备，评课时才有发言权，评才能评到点子上，不走过场，不流于形式，这样才能集思广益，相互交流，共同提高。

新课标背景下如何听课

一般来说，听课总是有一定的目的和要求。为什么去听课？听什么样的课？要解决什么问题？听课者总是根据听课的目的来选择时间、地点和对象等。如新教师听课最主要的目的就是观摩学习，主要看重难点是如何突破的，板书是如何设计的，教学手段和教学媒体是如何运用的，课堂气氛是如何活跃的等，并在自己的教学中学习运用。教研员听课绝大部分是具有指导用的，因此在听课活动后要形成个人或集体的认识和意见，并把形成的评价以一定的方式反馈给学校或教师，提出一定的指导性意见、要求及改进措施等。无论何种类型的听课，在听课前都应确定具体的目的和要求，听课者也必须明确这些目的和要求，否则，就可能得不到有效、真实的听课信息，就达不到听课的目的和要求。有效的听课应该按下面三个步骤进行。

一、听课前积极做好相关准备

俗话说："留心天下皆学问。"教师要想从听课中真正学习点东西，就必须做一个听课的有心人。要有心，听课就要做点准备工作。

有的放矢，方能把握关键、提高效率。无论在哪儿听课，何时听课，听谁的课，听何种类型的课，听课之前都应做好如下准备工作：

（1）对听课学校的教学传统、教师的教学风格及学生的学习习惯和认知水平等情况有所了解，增加听课的针对性及评价的客观性和公正性。

（2）通读教材，熟悉相关内容，把握本节课的重点和难点；了解相关知识的框架体系，了解编者的意图，弄清新旧知识的内在联系；明确这节课教学的任务和目标。

（3）针对这节课在头脑中设计出课堂教学初步方案，粗线条地勾勒出大体的教学框架，为评课提供一个参照系。

（4）初步预设授课过程中可能出现的问题与困惑，并思考应对策略。

（5）学习相关教育教学理论，了解有关学科的新的思想、方法和要求等，从而提高听课的品位，准确地发现教师课堂教学的优缺点，提高听课的针对性和有效性。

（6）听课者态度要端正，要做好向同行教师学习、耐心把课听完的思想准备。切忌在听课过程中高声评论、指责、喧哗，做其他事情或不满而愤然离场等不礼貌的行为。

二、听课中认真做好观察与记录

听课记录是重要的教学研讨资料，是教学交流、评价与指导的依据，它应该反映课堂教学的原貌，所以听课者应该客观、真实、全面地做好听课记录。这既是听课者基本素质的体现，也是听课者品德、态度、能力、水平等各方面基本素质的反映，更是对授课教师起码的尊重。在实际课堂教学的听课中，听课者应注意以下几点：

（1）听课者在听课之初应再用极短的时间看一看有关内容，以便能准确地判断讲课教师是否抓住了教材的重点和难点，是否完成了教学任务，等等，为后面的评课做好准备。

（2）听课者应将"听、看、思、记"有机地结合起来，才能全方位地把握课堂信息。

①"听"：听教师语言是否流畅，语态是否和蔼，学生能否听懂；听教师思路是否清晰，讲解是否到位，重难点是否掌握，结构是否合理，是否有知识性错误；听教师启发提问和学生的应答交流；等等。

②"看"：看教师的精神是否饱满，表情是否自然亲切；看教师对教具的选择是否合理，使用是否科学；看教法的选择是否得当，是否有创意；看教师对课堂突发问题的应变能力；看学生的状态、表现、思维和习惯；看教师板书是否合理；等等。

③"思"：思考教师对教材的处理是否恰当；是否注意到三维目标的落实；教学手段是否先进，教法是否灵活；新课改的思想理念是否在课堂之中体现并内化为教师自觉的教学行为；是否有突出的特色、亮点和较大的失误；如

果是自己来上这节课，自己又将如何上；等等。

④ "记"：原则上听课记录应包括两个方面，即教学实录、教学评价。

教学实录是指要如实地记录听课时听到的和看到的主要内容。除了要记录听课的日期、节次、班级、学科、执教者、课题和课型等基本信息外，更主要的是记录教学的主要过程、板书的要点、师生的互动交流、教学方法运用、教学手段选择、教学内容处理、课改理念的渗透、教学中的失误、创新与改革等。

教学评价是对课堂教学的思考所得，是对这堂课的简要分析。在听课一段时间后，对听课记录要进行整理，并进行理性的思考和分析，形成对一些问题的积极见解，归纳出一些共性的东西，提炼出一些成功的经验和做法，并提出一些改进的意见和更高的目标要求等。

需要注意的是，听课时应该根据听课的目的和要求，有所侧重地将"听、看、思、记"的内容有机、灵活地结合起来。必须本着向他人学习的态度，进入课堂后要高度集中注意力，做到认真听、仔细看、重点记、多思考，不要漫不经心，不要东张西望，不要思想开小差，不要干扰学生学习，不要干扰教师上课。要以听为主，要把注意力集中到听和思考上，不能把精力集中到记录上，变成书记员、"录音机"。记录要有重点，要详略得当，教学过程可做简明扼要的记录，讲课中符合教学规律的好的做法或存在不足的问题可做较详细的记录，并加批注。一段时间后，听课笔记要进行整理分析，总结出一些规律性的内容，并对内容做取舍，注意文字的精练。

三、听课后及时做好课后分析与交流

听过一节课后就应及时进行综合分析，找出这节课的特点和闪光处，总结出一些规律性的认识，并及时和上课教师交谈或交换意见。交换意见时应抓住重点，谈自己对这节课总的看法，谈这节课的特色，谈这节课的优点和经验，谈这节课的不足之处，谈自己的思考与建议；做到明确的问题不含糊，学术上的问题不武断，有创新的地方要给予肯定与鼓励，对存在的问题不回避，但要注意可接受性，切忌信口开河、滔滔不绝、夸夸其谈。

在分析总结他人的课时要注意比较、研究，取长补短。每个教师在长期教学活动中都可能形成自己独特的教学风格，不同的教师会有不同的教法。听课的教师要善于进行比较、研究，准确地评价各种教学方法的长处和短处，明确对自己有启迪、能学会的有哪几个方面，以便日后改进自己的教学。在分析他人的课时，听课者还要注意分析执教者课外的工作，看教师的教学基本功和课前备课情况。这种思考对自己也会有很大的帮助。

新课标背景下如何评课

评课是一种说服的艺术。说服，就是求和谐、求愉快、求发展。说服是一种技巧，说服是一种智慧。善于说服别人，首先应善于说服自己。充分尊重别人，是说服别人的心理基础；以理服人，是让人心悦诚服的保证。评课是一门科学，也是一门技术。如果它是科学就有规律可循，如果它是技术就有要领、可操作。评课的原则、要领、形式和技巧反映了评课的规律和技术。下面我们来讨论这一问题。

一、什么叫评课

所谓评课，顾名思义，评价课堂教学。评课是指听课者通过对课堂教学过程的全面观察和收集信息后，依据一定的评价标准对教师和学生在课堂教学中的活动及由这些活动所引起的变化做出全面、客观、科学的解释、分析和价值判断，从而帮助教师进行系统反思，有效改进教学，促进教师专业成长的一种教学研究活动。

二、评课的意义

在当前新课程改革背景下，听课者对课堂教学进行客观、科学的评价，让参与活动的教师多渠道交流信息，对探讨课堂教学规律、提高课堂教学效率、促进教师专业成长、促进学生全面发展、深化课程改革有着十分重要的意义。

三、当前评课中存在的问题

（1）只听不参加评课。这是听课的大忌，不评课，听课就没有意义。

（2）蜻蜓点水，不痛不痒。有的教师听课只听大概，所以评课只能如此。

（3）事无巨细，面面俱到。评课没有主次，没有重点。

（4）充当好好先生。这种问题最为普遍，只拣好话说，使上课者和听评者无法充分认识不足和缺憾。

（5）专挑毛病，恶语伤人。

（6）追赶时髦，脱离实际，套用一些时尚的理论和时髦的评语，没有多大的指导价值。

（7）当面不语，背后不断。这种现象最可怕，评课时有话不说，只当听众，当老好人，但课后却大加评论，品头论足，而且往往只会说授课者的不是，造成很多不好的影响。

四、评课的原则

1. 实事求是原则

实事求是就是要求评课者实话实说。评课对执教者和其他听课者都是一个学习借鉴的机会，只有本着客观公正、实事求是的态度，评课才有实际意义。实话实说也应讲究方法和策略，讲究谈话的艺术。

2. 坦率诚恳原则

评课者要站在执教者与帮助促进者的角度分析考虑问题，给执教者一个中肯的指导意见，特别是要用一种十分诚恳的态度来评课。

3. 突出重点原则

要抓住重点部分，详尽地谈，理论联系实际，哪些地方需要改进，哪些地方很有特色，让人一听有"柳暗花明又一村"的感觉。

4. 激励性原则

评课者要充分发掘优点、肯定优点，给执教者以足够的信心和希望，调动执教者研究教学的积极性和主动性，激励执教者（特别是青年教师）尽快成长，成为课堂教学直至课程改革的中坚力量。千万不能把课评得一无是处，要注重执教者的未来和发展。

5. 艺术性原则

评课也要讲究艺术，要掌握心理学，掌握谈话的策略，不以成败论英雄。对于成功的方面要懂得赞赏，对于不足之处要从探讨、帮助、促进的角度去考虑，不能因课而议论人。

6. 差异性原则

因听课、评课的目的不同，评课也要有一定的区别和倾向，如诊断型听课评课、评比型听课评课、观摩型听课评课、研究型听课评课。

7. 平等性原则

评课者要充分尊重执教者的劳动，遇到问题要以探讨的口吻与执教者交流。不要以指手画脚的态度、语言对待执教者，更不要摆出"居高临下，盛气凌人"的架势。俗话说："智者千虑，必有一失。"因此，评课者应做到虚怀若谷，平和坦诚，从善如流；善于创设一种民主、平等、和谐的评课氛围。

8. 提高性原则

评课者听评课的目的就是要帮助执教者提高教学水平，并始终以此为出发点和归宿，不要为评课而评课。因此，评课时要着眼于提高的原则，有针对性地提出问题，提出改进的具体建议和方法，真正帮助执教者提高教育教学水平。

五、评课的标准

评课作为一种质量分析，首先应该有一种质量标准。这就如同一种产品的质量验收，在验收时应有质量标准一样。什么是一节好课的评价标准，因为学科不同、年级不同、地区不同，每次评课的目的与任务不同，很难有一个通用的标准。

一节课的基本评价标准如下。

1. 教学目的（体现目标意识）

（1）教学目标全面、具体、明确，符合大纲、教材和学生实际。

（2）重点和难点的提出与处理得当，抓住了关键，能以简驭繁，所教知识准确。

（3）教学目标达成意识强，贯穿教学过程始终。

2. 教学程序（体现主体意识）

（1）教学思路清晰，课堂结构严谨，教学密度合理。

（2）面向全体，体现差异，因材施教，全面提高学生素质。

（3）传授知识的量和训练能力的度适中，突出重点，抓住关键。

（4）给学生创造机会，让他们主动参与，主动发展。

（5）体现知识形成过程，结论由学生自悟与发现。

3. 教学方法（体现训练意识）

（1）精讲精练，体现思维训练为重点，落实"双基"。

（2）教学方法灵活多样，符合教材、学生实际。

（3）教学信息多向交流，反馈及时，矫正奏效。

（4）从实际出发，运用现代教学手段。

4. 情感教育（体现情感意识）

（1）教学民主，师生平等，课堂气氛融洽和谐。

（2）重视对学生动机、兴趣、习惯、信心等非智力因素的培养。

5. 教学基本功（体现技能意识）

（1）用普通话教学，语言规范简洁、生动形象。

（2）教态亲切、自然、端庄、大方。

（3）板书工整美观，言简意赅，层次清楚。

（4）能熟练运用现代化教学手段。

（5）驾驭调控课堂能力强。

6. 教学效果（体现效率意识）

（1）教学目标达成，教学效果好。

（2）学生会学，学习主动，课堂气氛活跃。

（3）信息量适度，学生负担合理，短时高效。

7. 教学特色（体现特色意识）

（1）教学有个性特点。

（2）形成教师独特的教学风格。

六、评课的基本内容和方法（综合评析法）

所谓综合评析法是指评课者对一节课从整体上做出全面、系统的综合性评价。综合评析包括以下内容：①从教学目标上分析；②从处理教材上分析；③从教学程序上分析；④从教学方法和手段上分析；⑤从教学基本功上分析；⑥从教学效果上分析；⑦从教学个性上分析；⑧从教学思想上分析。

1. 评析教学目标

目标是人做事的内在动因，目标越具体、明确，做事的自觉性和积极性越高，效率越高；反之做事的自觉性和积极性越差，效率越低。教学目标是教学的出发点和归宿，它的制定和达成效果是衡量讲课好坏的主要尺度。所以分析课首先要分析教学目标。

（1）从教学目标制定来看，要看是否全面、具体、适宜。全面指能从知识、能力、思想情感等方面来确定；具体指知识目标要有量化要求，能力、思想情感目标要有明确要求，体现学科特点；适宜指确定的教学目标能以大纲为指导，体现年段、年级、单元教材特点，符合学生年龄实际和认识规律，难易适度。

（2）从目标达成来看，要看教学目标是不是明确地体现在每一个教学环节中，教学手段是否都紧密地围绕目标，为实现目标服务；要看课堂上是否尽快地接触重点内容，重点内容的教学时间是否得到保证，重点知识和技能是否得到巩固和强化。

2. 评析教材处理

评析一节课上得好与坏，不仅要看教学目标的制定和落实，还要看教师对教材的组织和处理。既要看教师知识教授得是否准确、科学，更要注意分析教师在教材处理和教法选择上是否突出了重点；突破了难点；抓住了关键。要看教学目标的确定是否明确、全面，具有针对性、导向性；教学重点是否把握准确，教学过程是否做到突出重点；教学难点是否把握准确并得到突破；教材的组织、处理是否精心。教师必须根据教学任务、教学目标、学生的知识基础、学生的认知规律及心理特点，对教材进行合理的调整、充实与处理，重新组织、科学安排教学程序，选择合理的教学方法，使教材系统转化为教学系统。

3. 评析教学程序

教学目标要在教学程序中完成，教学目标能不能实现要看教师对教学程序的设计和运作。所以，评课必须对教学程序做出评析。教学程序评析包括以下几个主要方面：

（1）看教学思路设计。教学思路是教师上课的脉络和主线，它是根据教学内容和学生水平两个方面的实际情况设计出来的。它反映一系列教学措施怎样编排组合，怎样衔接过渡，怎样安排详略，怎样安排讲练等。教师课堂上的教学思路设计是多种多样的，因此，评课者评教学思路，一要看教学思路设计符不符合教学内容实际，符不符合学生实际；二要看教学思路的设计是不是有一定的独创性，超凡脱俗，给学生以新鲜的感受；三要看教学思路的层次、脉络是不是清晰；四要看教师在课堂上教学思路实际运作的效果。

（2）看课堂结构安排。教学思路与课堂结构既有区别又有联系。教学思路侧重教材处理，反映教师课堂教学纵向教学脉络；而课堂结构侧重教法设计，反映教学横向的层次和环节。课堂结构也称教学环节或步骤，是指一节课的教学过程各部分的确立，以及它们之间的联系、顺序和时间分配。课堂结构不同会产生不同的课堂效果。可见课堂结构设计十分重要。通常一节好课结构严谨、环环相扣，过渡自然，时间分配合理，密度适中，效率高。

在教学环节的时间分配上，要看教学各环节时间分配和衔接是否恰当（避免前松后紧或前紧后松），讲与练的时间搭配是否合理；教师活动与学生活动的时间分配是否与教学目的和要求一致；学生的个人活动与集体活动的时间分配是否合理（是否体现不同层次的学生活动时间的差异，非教学时间所占的比例等）。

4. 评析教学方法和手段

评析教师教学方法、教学手段的选择和运用是评课的又一重要内容。什么是教学方法？教学方法是指教师在教学过程中为完成教学目的、任务而采取的活动方式的总称。但它不是教师孤立单一的活动方式，它包括教师"教学活动方式，还包括学生在教师指导下""学"的方式，是"教"的方法与"学"的方法的统一。评析教学方法与手段包括以下几个主要内容：

（1）看是不是量体裁衣，优选活用。我们知道，教学有法，教无定法，贵在得法。教学是一种复杂多变的系统工程，不可能有一种固定不变的万能方法。一种好的教学方法总是相对而言的，它总是因课程、学生、教师自身特点而相应变化的。也就是说，教学方法的选择要量体裁衣，灵活运用。

（2）看教学方法的多样性。教学方法最忌单调死板，再好的方法天天照搬，也会令人生厌。教学活动的复杂性决定了教学方法的多样性。所以评课既要看教师是否能够面向实际恰当地选择教学方法，也要看教师能否在教学方法多样性上下一番功夫，使课堂教学超凡脱俗，常教常新，富有艺术性。在教学中，教师应注重帮助学生认识学习规律，端正学习动机，激发学习兴趣，掌握科学的学习方法，养成良好的学习习惯，并让学生把所学的知识灵活运用到相关的学科中去，解决相关问题，加深了学生对于知识的理解，提高了学生综合运用知识的能力。

（3）看教学方法的改革与创新。评析教师的教学方法既要评常规，也要看改革与创新，尤其是评析一些素质好的骨干教师的课：要看课堂上思维训练的设计，要看创新能力的培养，要看主体活动的发挥，要看新的课堂教学模式的构建，要看教学艺术风格的形成等。

（4）看现代化教学手段的运用。现代化教学呼唤现代化教育手段。"一支粉笔一本书，一块黑板一张嘴"的陈旧单一教学手段应该成为历史。看教师教学方法与手段的运用还要看教师是否适时、适当地用了投影仪、录音机、计算机、电视、电影、电脑等现代化教学手段。

5.评析教学基本功

教学基本功是教师上好课的一个重要方面，所以评析课还要看教师的教学基本功。通常，教师的教学基本功包括以下几个方面的内容：

（1）看板书：好的板书，首先，设计科学合理，依纲扣本；其次，言简意赅，有艺术性；最后，条理性强，字迹工整美观，板画娴熟。

（2）看教态：心理学研究表明，人的表达靠55%的面部表情+38%的声音+7%的言辞。教师课堂上的教态应该是明朗、快活、庄重，富有感染力；仪表端庄，举止从容，态度热情，热爱学生，师生情感交融。

（3）看语言：教学也是一种语言的艺术，教师的语言有时关系到一节课的成败。教师的课堂语言，首先要准确清楚，说普通话，精当简练，生动形象，有启发性；其次，教学语言的语调要高低适宜，快慢适度，抑扬顿挫，富于变化。

（4）看操作：既要看教师运用教具（操作投影仪、录音机、微机等）的熟练程度，也要看在课堂上教师对实验的演示时机、位置把握是否得当，是否照顾到全体学生。

6.评析教学效果

看课堂教学效果是评价课堂教学的重要依据。课堂效果评析包括以下几个方面：

（1）教学效率高，学生思维活跃，气氛热烈。

（2）学生受益面大，不同层次的学生在原有基础上都有所进步。知识、能力、思想情操目标达成。

（3）有效利用45分钟，学生学得轻松愉快，积极性高，当堂问题当堂解决，学生负担合理。课堂效果的评析有时也可以借助测试手段，即上完课，评课者出题对学生的知识掌握情况当场做测试，而后通过统计分析来对课堂效果做出评价。

对一堂课的综合分析还包括从教师教学个性上分析、从教学思想上分析等。整体评析法的具体操作不一定一开始就从这六个方面逐一分析评价，而要对所听的课先整理出个头绪来。怎样整理？第一步，从整体入手，粗略地看一看全课的教学过程是怎么安排的，有几个大的教学步骤；第二步，由整体到部分，逐步分析各个教学步骤，要分别理出上面的六个内容；第三步，从部分到整体，将各个教学步骤理出的内容汇总起来，然后再按照一定的顺序，从全课的角度逐个分析评价。总之，课堂评价直接影响新课程改革的进程，只有全面、客观、公正的评价才能保护教师的课改积极性，正确引导课改走向深入。

听一堂好课，是一种美的享受；精彩地评析一堂课，也是一种美的享受。但是，只有会听、会评，才能得到这种享受。要做到会听、会评，有两个基础：一是要有先进的教育思想和教育理论做基础；二是要有多听、多评、多实践的基础。有了这两个基础，再加上自己丰富的教学经验积累，就会有听课、评课水平的质的飞跃。

七、评课时应注意的问题

（1）评课时一定不能照稿读，可以适当看提纲。照稿读的弊端有三：①教师会认为评课者不是现场发挥，是事先准备好的评语，当然会认为你没水平；②会影响评课者评课时语言的表现力和感染力；③会影响教师对评课者建议的接受力。在正式开口评课之前，评课者要把自己要表达的内容在脑子里过一遍，表达时要做到语言流畅，有逻辑性，语气肯定。

（2）要抓住重点评。评课时细枝末节要一带而过，不要从头评到尾，面面俱到，这样会令人产生听觉疲劳，产生厌烦心理。试想，在这种情绪状态中，再好的建议，再苦口婆心，谁又能听得进去呢？

（3）要一分为二地看问题：①要充分肯定优点，指出不足之处。再差的课也要找出几条优点。"欲抑先扬，接受批评顺理成章"，这是很实用的工作方法。②要善于从好的教学设计中发现不足。③要善于从问题中发现闪光点。

（4）要因人而异，有针对性。对不同层次的教师要求也不一样：对教学比较成熟的教师要高标准、严要求；对一般水平的教师应指导他（她）在教改上下功夫；对刚毕业的教师只要教态自然，教学过程安排合理，没有知识性错误就可以了，对他们要多鼓励。

（5）概括与具体结合。评课时既要有理论高度，又要有实际例子。只谈具体问题得到的只是细枝末节；只谈理论认识，教师会觉得不"解渴"，在实际教学中还是无所适从，因此，既要谈课的具体内容又要结合课提高认识。

（6）要提出改进的具体建议。有的教研员评课时谈优点、谈不足讲得条条是道，可就是不谈应该怎样改进，教师虽然知道了自己的不足，可是到底应该怎样做还是心中茫然。因此，教研员评课时应该提出改进的具体建议。如果教研员想让教师佩服自己的评课，必须做到：优点看得准，问题提得准，解决问题的办法可行。

课题研究的基本方法与步骤

2015年11月中旬，我们来到了天府之国的四川师范大学学习，通过为期一周的培训学习，结合自己多年的课题研究实践，我对中小学教师如何开展课题研究工作有了进一步的认识。做课题研究一般有七个步骤：选题（定题）—申请立项—撰写实施方案（开题报告）—深入研究—撰写结题报告—结题—成果推介。这七个步骤又分为四个阶段：准备阶段、实施阶段、总结阶段和成果推介。

一、准备阶段：完成选题、立项和开题

（一）怎样选题

在刚进入课题研究时，选题是非常重要的，因为它为我们的课题研究规定了方向和一定的范围。虽然题目以后可以改，但选一个确切、实用、新颖的题目还是应该慎重的。

1. 选题的基本原则

一是前瞻性原则，对象要新，视角要新；二是科学性原则；三是可行性原则，选题要与客观实践相符，可实现；四是价值性原则，要能够运用于教学实践，有指导教学实践的意义；五是明确性原则，选题能够准确地反映各研究要素的内涵和外延。

2. 选题注意事项

一是从实际出发，在研究中实践，在实践中研究；二是不要贪大求全；三是注重平时积累，从小处着手，要有问题意识，做教育教学的有心人，在平时的教学中发现问题，总结教学经验；四是适合自己的才是最好的。

3. 选课题从哪些方面入手

一是从有关部门发布的课题指南中得到课题；二是从教学实际所急需解决的问题中提出课题；三是从平常的教学实践中发现课题；四是从其他领域的先进经验和方法中移植和借鉴而提出课题。

（二）申报立项

选题后要做的工作就是查阅与本课题有关的重要文献，对所选题目进行进一步的了解。通过学习既提升自己教育教学的理论素养，为做课题寻找理论支撑，也能确定好课题研究的基点，写好立项申请书。课题负责人限定1人，课题组成员一般不超过9人，主持人和课题组成员要共同商讨确定研究的主要内容，制定出研究方案。

立项申请书的撰写：必须按照申报书的表格要求逐项填写，不能遗漏，不能错项，所要求的各种代码必须标明。为了写好立项申请书，必须加强学习，如学习专业理论知识、学习课程标准、学习他人的优秀经验等。

（三）撰写开题报告并召开开题论证会

教育科研课题的开题报告包含了开展课题研究的具体设想，它初步规定了课题研究各方面的具体内容和步骤。开题报告对整个研究工作的顺利开展起着关键的作用，尤其是对于科研经验较少的人来说，一个好的开题报告，可以使其避免在课题立项后，开展研究时出现无从下手的现象，保证整个研究工作有条不紊地进行。可以说，开题报告水平的高低既是一个课题质量与研究者科研水平的重要反映，也是科研管理部门进行课题中期检查和结题鉴定的重要依据。教育科研课题多种多样，其研究方法也各不相同，开题报告也有不同的种类，但其结构则大同小异。一般开题报告包括以下内容：

（1）课题的表述。

（2）研究的目的和意义。

（3）国内外研究现状、水平和发展趋势，课题的概述，包括课题内涵的界定。

（4）研究的理论依据。

（5）研究的假设。

（6）研究对象与范围。

（7）研究的内容（一定要明确，可操作性强）。

（8）研究的方法。

（9）研究的步骤。

（10）研究的预期成果形式。

（11）课题组成员及其分工。

（12）经费预算与设备条件要求。

课题立项批复以后，主持人应及时撰写开题报告并召开开题论证会。论证会上课题主持人把自己所选课题的概况（开题报告内容）向有关专家、主管领导及同行研究人员进行陈述，然后由专家团队对科研课题进行全面综合的审议，对课题的研究提出调整与修改意见，最后批准实施。

二、实施阶段：开展课题研究

课题负责人组织成员按照课题方案有计划地开展研究工作，要把研究活动与常规教学活动结合起来（与常规教研活动有机结合、与专题研究活动有机结合），使课题研究在常态下进行，融入教育教研和平时的教育教学活动中。在研究活动中，要做好必要的记录，并及时加工提炼抽象总结，及时收集整理，建立课题研究档案袋，为研究形成新策略、新经验、新成果提供可靠的材料，为撰写研究报告奠定坚实基础。开展课题研究应注意以下几点。

（一）行动研究是主要方式——一边工作，一边研究

行动研究的主要特点就是一边工作，一边研究。也就是说，课题研究一定要与教育教学实践紧密结合。研究的问题一定是源于教育教学实践中存在的突出问题，研究的目的也是真正解决教学实践中的问题。研究的过程与方法要与教育教学活动紧密结合起来。

（二）学习积累是主要途径——查阅资料，学习理论

在课题研究过程中常常会出现这样的现象：问题找到了，办法也尝试了，效果也呈现了，但总是达不到比较理想的程度，于是就没有办法了。这就是因为研究者缺乏理论学习，缺乏研究的积累。因为学习能够使问题更加清楚，能为实践探索指明方向，能够帮助研究者进一步提升教学经验。"山重水复疑无路，柳暗花明又一村。"

（三）定量定性是主要方法——数据分析，理性思考

1. 定量研究：收集数据，整理分析

（1）调查法。调查法最常用的是问卷调查，我们在制作调查问卷时最容易出现的问题是问题太大或太少，所选择的余地很小，没有进行细致的分类，所以不能最大限度地获得研究所需的信息量。

（2）测验法。测验法就是通常说的考试，实际上不包括各种心理特征的测试，如注意力测试、自主学习能力测试、创新能力测试等。使用测验法要注意以下几个方面：一是要进行前后对比或实验与非实验之间的对比；二是要选择合适的测试工具，即选择信度和效度较高的测试量表或试卷；三要对测量的数据进行科学的统计处理，如计算标准差、进行差异检验和样本与总体之间的推断分析等。有关内容可参考学习教育统计学的内容。

（3）观察法。观察法是我们在日常教学的过程中经常使用的方法，但是我们平时进行的观察只是很简单的观察，往往缺乏明确的目的、科学的设计、详细的记录、深入的分析。"留心处处皆学问，细心时时有发现。"因此，课题研究中要提高观察的有效性，关键的一点是要根据研究目的制作详细的记录表格。

（4）实验法（略）。

（5）个案法（案例研究法）。"一叶知秋，以小见大。"案例研究法是中小学教师开展课题研究的有效方法之一。它可以是一节课的研究、一次活动的研究、一件事的研究或者一个学生的研究。案例研究一定要突出主题，要具有普遍性，要结合先进理念进行分析。

2. 定性研究：收集资料，对比分析

我们在课题研究的过程中会有很多第一手资料，如与课题有关的资料（如论证、方案、计划、研讨记录等）、研究内容方面的资料（如调查、观察、测试的资料，作业、谈话记录等反映学生变化的资料）和研究手段方面的资料（如收集的有关理论资料、整理的心得资料、经验总结资料等）。我们的课题研究还有一项很重要的任务就是根据研究的目的和需要，收集、整理、分析我们手中的科研资料，不断形成定性的研究成果。

需要强调的是，定性研究与定量研究一定要紧密结合。没有定量，定性分析说服力不强；没有定性分析，定量就失去了分析的价值。只有二者结合才能够得出科学的、有价值的研究结论。

（四）集体研讨是成功保障——取长补短，共同进步

基层的课题研究还有一个重要的特点就是集体攻关。因为一线教师的主要任务毕竟还是要完成教学任务，同时由于受种种因素的影响，一个人的力量是有限的，几乎难以完成研究。所以我们需要成立各有分工的课题组，需要在研究的过程中不断组织研讨，相互取长补短，相互启示，相互合作，顺利完成课题的研究任务。

（五）反馈调整是必要环节——阶段总结，调整改进

随着研究的不断深入，我们的认识会不断提高，问题会越来越清楚，理解会越来越深刻，这时我们会发现，起初的论证与方案或有偏差，或不够细致，或不够科学，或操作性不强。这就需要我们在研究的过程中不断反馈与调整，以保证研究过程的科学性和严谨性。

开展课题研究是科研活动的核心。它是实现课题研究目的意义的基础，是解决教育教学中实际问题的关键，是改进和提高教育教学质量，促进教师自身专业成长和学生健康和谐发展的方式，是最终取得有价值的科研成果的途径。

三、总结阶段

（一）撰写工作报告和研究报告

课题研究结束后，要撰写工作报告和研究报告，准备鉴定结题。

1. 工作报告

工作报告主要是从课题研究过程的组织管理的角度来写的，研究报告则主要是反映研究的主要过程及结果分析。工作报告的主要内容包括以下几个方面：

（1）课题提出的背景：课题提出的依据、课题立项的时间及编号、课题研究完成的状态等。

（2）课题研究的前期准备工作。

（3）课题研究过程的组织与管理：课题组的组建、学习与研讨活动的组织、研究过程的管理、制度与奖励等。

（4）课题研究取得的主要成果及存在的主要问题。

2. 研究报告

结题报告是一种专门用于科研课题结题验收的实用性报告类文体。它是研究者在课题研究结束后对科研课题研究过程和研究成果进行客观、全面、实事求是的描述，是课题研究所有材料中最主要的材料，也是科研课题结题验收的主要依据。结题报告一般由以下五部分组成：

（1）概说：概述课题研究的基本情况，包括级别、文号、课题背景、课题组成员、概念的界定与原则以及主要研究目的、对象、内容、步骤、过程、时间等。

（2）方法：研究本课题的做法、体会、经验，包括指导思想、研究策略、具体方法、处理各种关系、推广阶段性成果等。

（3）结果：列举本项研究所取得的各种形式的理论成果、应用成果、社会效益或阶段性成果。

（4）评价：对成果和不足做出评估，对成果的应用推广、本项研究的进一步深化提出建议与意见。

（5）主要参考文献及相关附件。

（二）申请结题

课题经过一段时间的研究后，预定的研究设想基本完成时，就进入了结题阶段。结题应做好以下几方面的准备。

1. 结题所需的材料

课题的结题是整个课题研究的工作总结，是对研究成果的鉴定。课题的结题一般需要准备以下材料：

（1）结题申请报告。

（2）课题立项申报表。

（3）课题立项批复文件。

（4）课题研究方案（开题报告）。

（5）结题鉴定表。

（6）课题研究的阶段性总结。

（7）课题研究终结性结题报告（研究报告）。

（8）附件：

① 课题成果：研究报告，相关的论文，自己制作的实验器材、实验获得的实物，自己制作的实物，以及与课题相关的获奖证书及复印件，等等。②课题的有关研究材料：课题实施方案、阶段实施计划、课题科研大事记等，围绕

课题的研究课实录或教案、说课、评课、教者自我反思、课堂评价表、图片，课题组成员所写的课题小结或心得、随笔、案例评析、活动研讨记录、研究活动剪影等。

2. 结题的方式

我市的课题结题一般分为两种：一种是函件结题，也是通信结题，结题者只需向相关部门提交课题研究结题材料，由相关部门组织专家组进行评议、鉴定；二是现场结题，这主要是针对一些重大课题进行的。

四、成果鉴定与推介

结题后，专家将会对课题研究成果进行鉴定、评奖。对优秀的研究成果进行全面推介并推送更高级别评选。课题的研究者要注意三点：一是勇于发表；二是积极参与评奖；三是组织交流与推广。

最后，我有三句话与大家共勉：一是学会学习，永远与理论相伴；二是学会反思，让反思成为您的习惯；三是学会用心，做一个善于积累的人。

省级子课题"中小学微课资源开发和创新应用的研究"开题报告

课题名称：

中小学微课资源开发和创新应用的研究。

开题活动简况：

开题时间、地点、评议专家、参与人员等。

本课题是教育科研一般项目，课题批准号：15JXN030。

开题时间：2017年11月22日。

地点：葵涌中学一楼会议室。

评议专家：深圳市教育科学研究院主任熊冠恒、葵涌中学校长王建军、华侨中学副校长钟小平。

参加人员：欧阳华乐名师工作室全体成员、课题组全体成员和葵涌中学部分教师代表。

开题报告要点：

课题研究背景，拟解决的核心问题；核心概念界定、研究的理论和实践意义；国内外研究述评；研究目标和内容；研究理论依据、研究方法和步骤、预期成果、经费分配、保障条件等（不少于5000字，可加页）。

"中小学微课资源开发和创新应用的研究"是广东省教育科学规划课题"教育信息化与中小学校深度融合的案例研究"（课题批准号：15JXN030）的子课题。下面介绍本课题的相关情况。

一、课题研究背景

21世纪是信息时代，信息迅速膨胀，飞速传播，以教育信息化带动教育现代化，是我国教育事业发展的必然选择。然而，21世纪初，我国教育资源仍严重不足，数字教育资源共建共享的有效机制尚未形成，优质教育资源尤其匮乏。为顺应时代发展，教育部发布的《教育信息化十年发展规划（2011—2020年）》提出："到2020年，基本建成人人可享有优质教育资源的信息化学习环境。各级各类教育的数字资源日趋丰富并得到广泛共享，优质教育资源公共服务平台逐步建立，政府引导、多方参与、共建共享的资源建设机制不断完善，数字鸿沟显著缩小，人人可享有优质教育资源的信息化环境基本形成。"由此，教育信息化资源建设的重要性被日益重视起来。

近年来，随着可汗学院微视频、美国化学教师乔纳森·伯尔曼和亚伦·萨姆斯在微型视频的实践基础上提出"翻转课堂"，美国戴维·彭罗斯提出了将"微课程"等概念引入我国，这种短小精悍的视频课程受到学习者的欢迎，并引起教育者的重视。随着信息技术的进步和应用的快速普及，以视频为信息传输媒体的微课常态化应用在技术上成为可能。2010年，佛山市举办第一届中小学微课比赛，使微课开始正式、大量进入人们的视野。2012年12月，全国首届高校微课教学比赛也如火如荼地展开，越来越多的教师参与进来，把自己制作的微课上传到网上，既可供同行之间分享交流，也可供更多的学生观看学习。以共建共享为理念的开放教育资源运动正在我国蓬勃发展。

微课改变了我们传统的教学方式，这种改变具有较好的教育应用前景。对教师来说，微课可以作为一种新的教研模式来利用，在设计微课的过程中发现自己的不足。同时，微课也突破了传统的评教模式，有微课资源的支持，课堂教学和课后反思将更具有针对性和实效性，这对于教师能力的提升是很有帮助的。同时，教师之间也可通过微课互相学习，以老带新，新教师向优秀教师学习教学方法，更快地提升自己的教学水平和积累教学经验。对于学生来说，如果有足够丰富的微课资源，那么就能更好地满足个性化学习，实现按需选择学习，既可查缺补漏，又能强化巩固，是传统课堂学习的一种重要补充。

然而，对于大鹏新区来说，由于种种原因，积极进行微课制作或者将微课应用于教学之中的教师并不多，只是个别学校少数教师的独立行为，大多属于为了参加某某比赛而"散兵作战、偶尔为之"的现象。这就直接导致了大鹏新区目前微课数量稀少、质量一般、缺乏体系等后果。为了顺应"互联网+教育"的时代潮流，推进大鹏新区教育信息化的进程，我们承接了该子课题"中小学微课资源的开发和创新应用的研究"，旨在通过此课题的研究强化大鹏新区教师教育现代化意识，提升大鹏新区教师信息化素养，建立部分学科（如物理、小学科学）微课系列化资源，满足中小学生"个性化、碎片化、可移动、可选择、自主式、交互式"的学习需求，促进教与学方式的有效变革，全面提升大鹏新区教育教学质量。

二、拟解决的问题

本课题的初步构想：通过调查访谈了解大鹏新区微课的发展现状，从而深入了解大鹏新区中小学微课目前发展的阶段及存在的问题，引导大鹏新区中小学教师学习微课的理论知识和制作方法，发动相关学科的教师进行分工合作，制作系列化的学科微课资源，并进行积极的试验与探索，让微课在新区课堂中的应用规范化、常态化、高效化，以促进大鹏新区教育向信息化、科学化迈进。本研究拟解决以下问题：

（1）让工作室成员学会微课制作的基本方法，提升教师信息技术素养。

（2）推进大鹏新区部分学科（初中物理和小学科学）微课系列化资源建设。

（3）探究微课在中小学课堂教学中创新应用的策略及推广应用的措施。

三、本课题核心概念的界定

微课是美国新墨西哥州圣胡安学院的高级设计师、学院在线服务经理戴维·彭罗斯于2008年秋首创的，在国内，则由广东省佛山市教育局的胡铁生先生在2011年率先提出，并对微课这一名词进行了阐述。后来，我国许多学者从不同的角度对微课进行了定义。目前，国内对"微课"概念的界定还未达成共识，下面列举国内部分学者对微课定义的不同阐释：

广东省佛山市教育信息中心主任胡铁生先生认为，微课又名微课程，是微型视频网络课程的简称。微课是以微型教学视频为主要载体，针对某个学科知识点或教学环节而设计开发的一种情境化、支持多种学习方式的新型在线网络视频课程，通常包括相应的教学设计、素材课件、教学反思、练习评测、学生反馈及教师点评等教学支持资源（它们以一定的结构关系和呈现方式共同营造了一个半结构化、主题突出的资源单元应用"生态环境"）。

上海师范大学的黎加厚教授认为微课是指时间在10分钟以内，有明确教学目标、内容短小，集中说明一个问题的小课程。

华南师范大学焦建利教授将微课定义为："微课是以阐述某一知识点为目标，以短小精悍的在线视频为表现形式，以学习和教学应用为目的的在线教学视频。"

南京师范大学张一春把微课定义为："为使学习者自主学习获得最佳效果，经过精心的信息化教学设计，以流媒体形式展示的围绕某个知识点或教学环节开展的简短、完整的教学活动。"

教育部全国高校教师网络培训中心指出，微课是以视频为主要载体，记录教师围绕某个知识点或教学环节开展的简短、完整的教学活动。

尽管上述定义在表述上有差异，但在定义的内涵上是有共同点的，即"以微视频为载体，目标单一、主题明确；内容短小、用时较少；结构良好、交互性强；推广方便、应用面广"。我认为，微课是一线教师自行开发、以微小视频为载体、时间在5分钟左右、支持教师教和学生学的新型课程资源。微课与其相匹配的"微目标、微教案、微讲义、微练习"等课程要素共同构成微课程。学生自由选择时间和空间对相关内容进行深入学习，当学生通过微课开展学习时，学习者就以微课为介质与教师之间产生间接的交互，通过在线讨论、面对面辅导等不同形式进行直接交互，从而产生有意义的教学活动。

四、课题研究的理论意义和实践意义

1. 理论意义：促进教与学理念和方式的转变

传统课堂以教师为中心，强调知识的传授。在教学方法上，以"灌输式"为主，严重扼杀了学生学习的主体性，学生的综合素养难以提高。而《课标》提倡"以生为本""因材施教"，在教学上，强调"教师是主导、学生是主体"，注重探究式、互助式教学，由"单纯面授"转为"面授+远程学习"相结合的教学方式，张扬学生个性，重视学生可持续发展能力的培养。

随着信息技术的发展，"互联网+"为当今教育的变革带来了便利，"开放式教学、远程式学习"扑面而来。而微课是信息技术发展的产物，微课为翻转课堂提供了良好的介质，让信息技术更好地融入学科教学，促进了教与学方式的转变。翻转课堂"先学后教，以学定教"的方式有利于学生在更开放的空间更自主地学习知识，充分体现了"以生为本"的新课改理念，满足学生个性化的学习需求，实现了学生知识的自我建构。

2. 实践意义

（1）激发教师反思的热情，促进教师自觉成长。微课的研发主体是一线教师，研制微课促使教师从解决问题的过程中追问和思考、发现和生成、研究和变革，让教师从教育教学的执行者变成课程的研究者和开发者，在研究中享受教育的乐趣，在享受中不知不觉地改变自己的行动方式，激活教师创造的热情，提升教师的学习能力、反思能力和专业素养，让教师成长为新一代科研型教师，促进教师自觉成长。

（2）提高学生的自主学习意识，促进学生健康成长。由于微课的选题与制作是就某一知识点或某一教学环节进行的，内容聚焦，时间约5分钟，所以可以让学生用很少的时间就突破难点。对于学生来说，微课能更好地满足学生个性化学习、选择性学习的需求。课前看微课可以让学生的自主预习更有针对性，从而提高学生的自学能力，并帮助学生养成主动学习的好习惯。对于某些重难点知识，一部分有困难的学生可以通过课后反复观看微课，解决学习困难，提高学习效率。而班内的优等生可以通过微课进行提高训练，进一步开阔视野、提升能力。微课是传统课堂学习的一种重要补充和拓展，有助于激发学生学习兴趣，引导学生自主学习，让学生养成良好的学习习惯。微课让学生在多媒体计算机辅助教学的环境下，分层学习，自主探究，培养学生的创新精神和实践能力，可以让不同层次学生的学业水平都得到提高，促进学生健康成长。

五、微课的国内外研究述评

1. 微课的国外研究述评

微课是由Micro lecture翻译过来的，也有学者将其翻译为微课程。通过搜索并研读相关文献可知，有不少国家都有相应的研究。

美国阿依华大学附属学校于1960年首先开创微型课程（Mini-course），也可称为短期课程或课程单元。

新加坡教育部于1998年实施的Micro-Lesson研究项目，基于信息技术、涉及多门课程领域，主要目的是培训教师构建微型课程。该课程教学目标单纯集中，是小容量的教学单元，重视学习情境、资源、活动的创设，为学生提供有效的学习支架，同时也为教师提供一系列支架，帮助其进行具体的教学设计。

以上提及的两个国家的微型课程，并非以视频为载体，而是如教学设计等教学资源。

2004年7月，英国启动教师电视频道（www.teacher.tv），每天24小时连续播出，每个节目视频时长15分钟，节目包括课堂资源、职业发展、新闻及综合三类。频道开播后得到教师的普遍认可，资源的积累达到35万分钟的微视频节目。

之后，萨尔曼可汗开发了微型网络教学视频课程，他将一块触控面板与计算机相连，利用电脑软件将他所写、所画、所说的内容全部录下来，就形成了一节微视频课程，最后他将这一段视频上传到网络上供学生观看并解答学生的问题。其视频课程短小精悍，被广大中学生认可，很快闻名于美国基础教育领域，并迅速风靡全球。于是，在2007年成立了非营利性的网站——可汗学院网站。在国外，以可汗学院为代表的微型网络教学视频的出现促使教育研究者将微视频等运用于课堂教学进行可行性探索。

2008年秋，美国新墨西哥州圣胡安学院的高级教学设计师、学院在线服务经理戴维·彭罗斯（David Penrose）因首创了影响广泛的"一分钟的微课程（Micro-lecture）"（用于学生在线学习）而声名远播。其核心理念是要求教师把教学内容与教学目标紧密地联系起来，以产生一种"更加聚焦的学习体验"。戴维·彭罗斯提出建设微课程的五个步骤：①罗列课堂教学中试图传递的核心概念，这些核心概念将构成微课程的核心；②写出一份15~30秒的介绍和总结，为核心概念提供上下文背景；③用麦克风或网络摄像头录制以上内容，最终的节目长度为1~3分钟；④设计能够指导学生阅读或探索的课后任务，帮助学生学习课程材料的内容；⑤将教学视频与课程任务上传到课程管理系统。

微课程在国外发展迅速，但也存在许多问题。首先，微课程的结构和组织形式不尽相同，有些微课程是根据课堂教材组织制作的，有些微课程是通过电视等媒体工具录制讲解内容后整合成的。其次，微课程的运用方式较为集中，大部分微课程用于学生学习或者教师培训等方面。最后，微课程的深度还不够，制作者在资源拓展方面考虑不够。

2. 微课的国内研究现状述评

20世纪90年代以来，国家实施的一系列重大工程和政策措施为我国教育信息化发展奠定了坚实基础。面向全国的教育信息基础设施体系初步形成，"互联网、信息终端、数字教育资源"等已逐步进入了我国各级各类学校，教育信息化对于促进创新教育模式的支撑和带动作用初步显现。教育部出台的《教育信息化十年发展规划（2011—2020年）》指出："以教育信息化带动教育现代化，充分发挥现代信息技术优势，注重信息技术与教育的全面深度融合。"这为加快推进教育信息化发展提供了强有力的政策支持。我国的微课正是在此背景下迅速发展起来的。

2010年11月，广东省佛山市教育局开展了首届全国中小学新课程"优秀微课作品"征集评审活动。比赛开展得很成功，佛山市教育局的胡铁生先生也随着"微课"一词为大家所熟知。2012年9月，"全国首届中小学信息技术教育应用展演会"召开，在会上胡铁生先生向教育部副部长刘利民力荐微课，促使了教育部对微课教学开始重视。

此后几年间，微课资源的建设在全国中小学、中高职、电大系统、高等院校甚至一些教育企业、培训机构陆续开展起来。各类微课技能比赛参加人数也在逐年递增，仅2015年教育部全国高校教师网络培训中心主办的微课比赛就得到了全国1400多所高校18000多名一线教师的积极响应。在关注微课教学比赛的同时，教育学者和教师也把目光集中在微课的理论与实践研究上。截至2017年11月10日，在中国知网以"微课"为关键词检索到的论文就达到了12251篇。从2011年的1篇到2017年的3768篇，足以说明学者对微课关注的程度。从搜集到的论文看，微课的研究方向虽然很多，但是可以归纳为五个大方向：基础理论研究、微课制作技术与相关软件研究、微课应用研究、微课资源建设研究和微课评价研究。目前，研究者关注的重点主要是微课资源的建设与应用，这是由微课在教学中所扮演的角色及其教育价值和意义决定的。作为教育资源，其最终目的就是通过实践应用来促进学习。而其实践应用又大体可分为自主学习、学科教学、教师学习和职业培训四个方面。尽管国内研究和使用微课的人越来越多，大家对微课的热情越来越高，但通过对中小学教师使用微课的情况进行调查分析发现，微课在中小学的应用中存在以下不足：对微课认识不明确、缺乏原动力，教师掌握的信息技术能力欠缺、微课制作能力有限，缺乏评价机制和推广路径等。

六、课题研究的目标和内容

1. 主要研究目标

（1）学科方面：注重信息技术与学科教学深度融合，探索让微课更好地服务于学科教学的基本途径与方法。

（2）教师方面：让教师掌握微课制作及优化的一般规律和方法，探索总结出运用微课提高教学效果的策略。

（3）学生方面：探索在多媒体计算机辅助教学的环境下，充分发挥微课资源优势，促进学生远程学习、分层学习、自主学习的形式与方法。

2. 主要研究内容

（1）研究制作微课及优化微课的基本方法和途径。

（2）各学科（物理、小学科学）微课资源库创建的方法与管理的途径。

（3）利用微课优化学科教学各环节并提高课堂效率的策略。

（4）研究相关学科微课资源库的推广应用机制。

七、研究的理论依据

1. 建构主义学习理论

建构主义学习理论起源于当代西方国家。20世纪80年代，瑞士学者让·皮亚杰根据人的认知发展和学习的关系最先提出了建构主义，并对其进行了阐述。建构主义学习理论是强调"以学习者为中心"的学习过程，认为，意义建构是学生学习的最终目标，即学生在获取知识的过程中，知识并不是通过教师传递或灌输得到的，而是学生在一定的情境下，借助教师等他人的帮助，利用必要的学习资料，以有意义、主动建构的方式获得的。建构主义学习理论对中小学微课的开发与应用构建的意义在于：

（1）微课的开发与应用要充分考虑是否创设了有利于学生实现建构意义的情境问题。建构意义认为，课的设计应有利于学生在知识与知识之间建立起有效联系，从而有利于加深学生的理解。因此，建构主义学习理论在微课脚本的撰写及结构的安排上提供了相应的理论支持。微课的优势就是能生动地呈现与学习相关的情境。物理教学中应用微课，学生可以在具体的情境中完成概念的建构，进行实验探究，符合建构主义教学中情境化教学精神。

（2）微课的开发与应用要充分考虑是否构建了以学生为中心的教学环境。建构主义强调以学生为中心，教师在整个教学中起组织者、指导者、帮助者和促进者的作用，促进学生对知识意义的主动构建。基于微课程的中小学教学环境强调学生的自主学习，教师作为课程资源的设计者和开发者，主要起组织和指导学习作用，符合建构主义强调"以学习者为中心"的要求。

（3）微课的开发与应用是否充分考虑师生之间、生生之间的交流协商。在基于微课资源的"翻转课堂"的新型教学模式下，学生在课余时间通过观看微课先自行学习知识内容（有些也开展了必要的远程交流），课上师生、生生就有更多基于微课内容的讨论交流时间，师生、生生在交流过程中分享看待问题的不同角度和解决问题的方法，符合建构主义"学习协同性"的要求。

（4）微课的开发与应用要考虑是否尊重学生的差异及前导经验。学习者经历与环境的不同，导致了学生学习前的知识的丰富性与差异性。建构主义认为，有效教学应该根据学生的前导经验和差异而实施分层教学和异步学习。目前国内许多网站和学校建立的微课资源学习库拥有海量学生学习所需要的微课视频，充足丰富的学习资源为学生的学习提供了便利，让学生可以根据自己的需求自主选择需要的微课来学习。微课这种新型教学资源为学生的分层学习、差异学习提供了支持。

2. 混合学习理论

混合学习的思想和理念虽然已存在多年，但是在教育领域，混合学习还是一个新名词。美国Learning circuits认为，混合学习是一种在线学习和面授学习相结合的一种新型的学习方式。李克东教授认为，混合学习是人们对网络学习进行反思后，出现在教育领域，尤其是教育技术领域较为流行的一个术语，其主要思想是把面对面教学和在线学习两种学习模式整合。

在传统课堂教学中，教师与学生面对面，教师在课堂中处于主导地位，这种教学方式具有交互性好的优点。在线网络视频学习，学生是学习的主体，他们可以根据自己的学习计划和能力水平灵活把控学习的速度和内容。混合学习则是将以上两种教学形式合理组合：将教师的主导作用和学生的主体地位相结合、将网络信息技术与传统课堂相整合，同时发挥在线网络学习和面对面传统教学的优势，降低教学时间成本，提高学习效益，将教学效果最优化。

移动互联网时代，基于微课资源的"翻转课堂"则充分体现了混合学习理论的思想，学生课下通过移动终端设备可以在任何时间、任何地点观看微课，进行学习，使学习不再局限于教室，学习者弹性的学习需求可以在流动的空间、零碎的时间中满足。而学生在微课学习中产生的疑惑、问题，第二天可以在教师的指导下、同学间的互动交流中解决，在课堂中针对微课学习的知识内容进行实践性练习，并利用知识解决问题。因此，基于微课资源的"翻转课堂"教学模式是体现混合学习理论的典型代表。

3. 教育目标分类理论

从微课概念的界定来看，微课所选的内容是根据课程标准和实际的教学需求设计的，有一定的指向性和目的性，并不是教师随意选取。也就是说，在教育目标上有一定的限制，包括教育总目标、学科教育目标、课程教育目标、教学目标等方面，而这些教育目标的分类主要依据是布卢姆的教育目标分类理论。布卢姆、辛普森等人将教育目标分为三大领域——认知领域（cognitive domain）、情感领域（affective domain）和动作技能领域（psychomotor domain），他们将知识和认知目标从低到高、从简单到复杂，进行了不同等级的设定，并确定了其应掌握的程度。

然而微课设计的核心是知识和教学内容，因此教育目标在微课的设计中举足轻重。布卢姆的教育目标分类理论可以帮助教师更好地认识教学内容的目标、意义，把握教学内容所处的地位，并根据不同的要求和层次，从不同的角度设计微课，这对教师确定微课的教学目标，使微课目标与课程目标一致性有一定的指导意义。

八、研究的方法和步骤

1. 研究方法

本课题研究遵循理论联系实际的原则，除了行动研究法和文献研究法两个主要方法外，还辅以观察法、调查研究法、个案研究法、经验总结法等方法。

（1）文献研究法：收集与本课题有关的文献及视频资料，尽可能多地了解国内有关微课的开发及应用的最新研究成果，从中汲取先进的理论和实践经验，并在此基础上寻找、总结探究本课题的新思路、好方法，得出具有推广价值的一般规律和方法。

（2）行动研究法：围绕微课的制作、微课资源的建设与管理、微课和学科教学有效结合的途径和方法等实际问题，制订研究方案，并边研究边实践，在实际教学研究中及时发现问题，进行反思，改进方法，探索出利用微课提高课堂效率的规律和方法，为提升教育教学质量服务。

2. 实施步骤

本课题研究全程为两年，即从2017年6月起至2019年6月。

第一阶段：调研策划阶段（2017年6—10月）

收集、学习有关文献资料，了解国内外微课发展状况，分析并确定研究的主题。成立课题研究小组，组建课题研究网络，明确人员分工职责。

第二阶段：课题研究实施阶段（2017年10月—2019年5月）

本阶段课题研究的方法主要为文献研究法、行动研究法。课题小组依托已有的研究资料，制订研究方案，边研究边实践，在实际教学研究中及时发现问题，进行反思，改进方法，并不断总结、提炼研究成果。

（1）进行课题开题论证。

（2）通过调查访谈等形式，了解大鹏新区实际情况，制订本课题研究方案计划。

（3）参加课题研究的成员组成一个QQ群，实时记录各成员研究的心得体会，并及时进行分享交流。

（4）继续学习有关文献资料，组织如何制作微课的相关培训。

（5）每月至少开展一次利用微课教学的公开课交流活动，收集与该主题相关的微课教学设计、教学反思，微视频、自助学习任务单等教学资源。

（6）根据研究方案定期召开课题研究小组会议：每学年至少召开一次微课的建设与有效应用的研讨活动，以便对前一阶段的工作进行阶段性反思与总结，对下一步工作进行更好的优化部署。

（7）课题组各成员分别总结使用微课教学前后学生学习效率的不同等情况，撰写心得体会。

（8）收集各成员资料，认真积累阶段研究经验，形成阶段性总结报告。

第三阶段：课题总结阶段（2019年5—6月）

（1）归纳总结阶段研究成果，形成较为完善的、具有推广价值的有形成果。

（2）分析研究资料，撰写结题报告。

（3）召开课题研究成果会议，推广实验成果。

九、课题预期研究成果

本课题从"微课程产生的背景及其概念和特点、大鹏新区微课实践发展现状、当前微课的主要制作方法、推进大鹏新区部分学科（物理、小学数学及小学科学）微课系列化资源建设的措施、微课在中小学教育教学中有效运用的策略"五个角度出发，分析总结大鹏新区内外微课程资源建设和应用情况，以此为基础，对大鹏新区微课的建设与创新应用等方面提出针对性的策略和建议。具体成果如下：

（1）利用微课进行教学展示的课例4~6节。

（2）课题研究论文10篇以上（每人至少1篇），编成论文集1册。

（3）课题研究报告1份。

（4）积累经典案例，逐步建立部分学科（物理、小学科学）微课应用资源库。

十、课题研究的保障条件

1. 师资队伍保障

我是教研员，钻研精神强，有充足的时间投入科研工作之中。参与本课题研究（以物理学科为例）的另外15名教师是我区教学一线教师，经验丰富，认真务实。按年级划分职责，保证每一节都有一个教师制作的至少一节微课，同时采用"拿来主义"，从不同渠道收集优秀的微课纳入我们的资源库。

2. 研究资源保障

本课题组中有15人分别来自我区4所不同的学校，无论是研究资料、相关仪器设备，还是观测对象及后勤服务人员等都有充分的保障。

3. 科研经费保障

局领导高度重视教育科研，给予充足的配套经费支持（见下表），确保课题研究工作顺利进行。

经费概算及经费分配情况表

序号	经费开支科目	金额（元）	序号	经费开支科目	金额（元）
1	资料费	1000	4	劳务费	6000
2	设备费	2000	5	印刷费	1000
3	会议费	1000	6	其他	1000
合计12000					

（说明：本课题是熊冠恒教授的广东省教育科学规划课题"教育信息化与中小学校深度融合的案例研究"的子课题。不同的组织单位开题报告的格式略有不同，但大同小异，仅供参考。）

省级子课题"中小学微课资源开发和创新
应用的研究"研究报告

课题名称：

中小学微课资源开发和创新应用的研究。

课题组成员：

主持人：欧阳华乐。

主要成员：徐丹丹、邱美强、傅琪志、陈春燕、廖矗、余彩丽、徐磊、赖
小梅、高雄武、王松飞、梁峰华、陈志荣、郑丹琳、郑燕娟、杨光琴、韩双、
周晖、孟存家、吴汶娣。

一、研究已解决的问题（同时简述完成研究目标情况）

21世纪初，萨尔曼可汗开发了微型教学视频课程在网络上风靡，促使教育
研究者将微视频等运用于课堂教学进行可行性探索。随后微课的兴起彻底改变
了传统的教学方式。

对教师来说，微课可以作为一种新的教研模式来利用，在设计微课过程中
发现自己的不足而不断改进。同时，教师之间也可通过微课互相学习，以老带
新，新教师向优秀教师学习教学方法，可以更快地提升自己的专业素养和教学
水平。对学生来说，丰富的微课资源不仅可以激发学生学习的兴趣，培养学生
自主学习的良好习惯，还能够满足学生个性化学习、选择性学习的需求，更有
利于师生及时沟通交流，使得远程培优辅差成为可能。微课是传统课堂学习的
一种重要补充。

然而，对于大鹏新区来说，由于种种原因，积极进行微课制作或者将微课

应用于教学的教师并不多，采用微课教学只是个别学校少数教师的独立行为，大多属于为了参加某某比赛而"散兵作战、偶尔为之"的现象。这就直接导致了大鹏新区目前微课数量少、质量一般、缺乏体系等后果。为了顺应"互联网+教育"的时代潮流，推进大鹏新区教育信息化的进程，我们申请了"中小学微课资源开发和创新应用的研究"课题的研究。

在近两年的研究过程中，通过实地考察及访谈教师等形式，我们了解到大鹏新区中小学微课目前的状况及存在的问题，引导大鹏新区中小学教师学习微课的理论知识和制作方法，发动相关学科（初中物理和小学科学）的教师进行分工合作，制作系列化的学科微课资源，并进行积极的试验与探索，让微课在大鹏新区课堂中的应用规范化、常态化、高效化，促进大鹏新区教育向信息化、现代化迈进。到目前为止，取得了一定的成果，体现在以下两个方面。

（一）已解决的问题

（1）通过培训学习，让工作室成员学会了微课制作的基本方法（尤其是运用交互式软件Storyline3制作交互式微课的方法和技巧）。

（2）基本完成了相关学科（初中物理）对应微课资源库的建设。

（3）已经完成了小学科学对比实验微课系列化资源库的建设。

（4）探索总结出微课在初中物理、小学科学课堂教学中创新应用的相关策略。

（二）已完成的目标

1. 学科方面

提炼出了微课在学科教学中的应用策略，让信息技术与学科教学深度融合；改变了师生教与学的方式，教学中突出了学生的主体性，让远程自主学习和个性化辅导成为现实。

2. 教师方面

让课题组成员学会微课制作的方法，掌握将微课应用于教学的相关策略，既提升了教师自身的专业素养，也提高了课堂教学效果和学科成绩。

3. 学生方面

借助微课，加强了师生的互动交流，融洽了师生关系，让学生养成了提前预习、自主学习的良好习惯，既提升了学生的学习成绩，又提升了学生的综合素养。

二、研究过程（包括不同阶段完成的任务和使用的方式方法）

为了强化大鹏新区广大教师的现代信息意识，提升大家的信息技术水平，促进优质教育资源共建共享，实现信息技术与教育教学的深度融合，本课题组在研究之初就制定了课题研究的总体规划。本课题的研究一直按此规划有条不紊地、不断深入地进行。

本课题研究时间为两年，即2017年6月—2019年6月。全程分三个阶段进行。其中，第一阶段：调研策划阶段；第二阶段：研究实施阶段；第三阶段：提炼总结阶段。

（一）调研策划阶段（第一阶段：2017年6—10月）

一方面，查阅有关文献资料，了解国内外微课发展状况；另一方面，以下到学校观察课堂教学及访谈学科教师等方式，了解微课在大鹏新区的建设及应用情况，再通过综合分析，确立以"微课资源的开发和应用"为主题的研究课题。

恰好此时，欧阳华乐名科研专家工作室于2017年10月11日在葵涌中学正式授牌成立，本课题自然成了工作室全体成员共同研究的主课题。工作室共有成员29人，分别来自大鹏新区不同的中小学校，涵盖了物理、语文、数学、科学、信息技术、体育、美术等学科。我们确立了以初中物理及小学科学为主、其他学科为辅的研究思路。

（第一阶段课题研究的方法主要有文献研究法、观察法和访谈法等。）

（二）研究实施阶段（第二阶段：2017年10月—2019年5月）

1. 开题论证，动员部署

2017年11月在葵涌中学进行了本课题的开题，在开题报告会上欧阳华乐老师不仅阐述了本课题研究的背景和意义，还分析了本课题研究的目标和内容，更重点强调了本课题研究的方法和步骤，介绍了本课题预期的成果和相应的保障措施。

应邀出席开题论证会的专家有熊冠恒教授、王建军校长、钟小评副校长等，他们对本课题的研究提出了宝贵的意见：本课题选题贴近大鹏新区实际、切合时代特点、符合时代潮流，很有研究价值；本课题的前期工作准备充分、推进有力，且研究队伍中多是骨干教师，经验丰富，这些都为本课题的研究提供了强有力的人力支持和资源支持，为课题研究的顺利进行提供了强有力的保障。专家同时提出：研究就必须坚持创新，只有创新才更具价值，希望本课题研究在创新上下功夫。为了明确本课题研究的方向，凸显本课题研究的价值，专家组建议：将本课题名称由原来的"中小学微课资源开发和应用的研究"改为现在的"中小学微课资源开发和创新应用的研究"。

紧接着欧阳华乐老师组织了本课题的第一次集中研修活动，提交了《"中小学微课资源开发和创新应用的研究"实验方案》，让全体成员交流讨论，并对全体成员提出了相应的职责和要求。

2. 分工制作，实践初探

为了减轻各成员个人的负担，且能较圆满地完成微课资源库建设的任务，我们定下了"分工制作、团结合作"的措施。工作室全体成员分别制作微课，尤其是物理教师进行了明确的分工，每人分别承担了八、九年级物理教材（人教版）中部分章节的微课制作任务。具体分工情况（以物理学科为例）见下表。

初中物理学科微课制作（或收集）任务分工表

教材名称	章节内容		教师姓名	所在学校
物理八年级（上册）	第一章	机械运动	李敏	大鹏华侨中学
	第二章	声现象	李敏	大鹏华侨中学
	第三章	物态变化	赖小梅	葵涌中学
	第四章	光现象	傅琪志	南澳中学
	第五章	透镜及其应用	傅琪志	南澳中学
	第六章	质量与密度	赖小梅	葵涌中学
物理八年级（下册）	第七章	力	梁峰华	南澳中学
	第八章	运动和力	梁峰华	南澳中学
	第九章	压强	郑燕娟	葵涌中学
	第十章	浮力	郑燕娟	葵涌中学
	第十一章	功和机械能	高雄武	大鹏华侨中学
	第十二章	简单机械	高雄武	大鹏华侨中学

续 表

教材名称	章节内容		教师姓名	所在学校
物理九年级（全一册）	第十三章	内能	邱美强	大鹏华侨中学
	第十四章	内能的利用	郑丹琳	大鹏华侨中学
	第十五章	电流和电路	王松飞	南澳中学
	第十六章	电压 电阻	彭丽燕	葵涌中学
	第十七章	欧姆定律	陈春燕	葵涌中学
	第十八章	电功率	徐磊	葵涌中学
	第十九章	生活用电	陈志荣	南澳中学
	第二十章	电与磁	徐丹丹	葵涌中学
	第二十一章	信息的传递	郑丹琳	大鹏华侨中学
	第二十二章	能源与可持续发展	陈志荣	南澳中学

除了明确各自的微课制作任务外，欧阳华乐老师还鼓励大家积极地尝试将微课与学科教学进行有效融合的探索。我们于2017年11月15日在南澳中学举行"大鹏新区初中物理同课异构活动暨微课创新应用于课堂教学专题讲座活动"，先由葵涌中学的郑燕娟老师和南澳中学的梁峰华老师分别执教《光的折射》这堂课，突出如何将微课有效运用于教学；然后由东北师范大学钟永江教授做"如何运用信息技术创新课堂教学"的专题讲座。通过本次研讨课的展示、分享、交流及专家的讲座，大家对微课在课堂教学中的有效应用有了初步的了解。

3. 学习交流，提高技能

为了让课题组全体成员更好地掌握微课制作的方法，提高课题研究的成效，欧阳华乐老师强调各成员自主学习相关技术的同时，还加强了对全体成员前期集中系列培训工作。我们于2017年11月22日邀请熊冠恒教授对全体工作室成员做了"如何有效开展课题研究"的专题讲座；2017年12月14日欧阳华乐老师带领工作室部分教师参加了在盐田高级中学求实会堂举行的"深圳市初中物理微课制作培训暨教育技术和初中物理教学深度融合研修活动"，听取余键专家所做的"人工智能助力教育现代化发展"和黄仕则主任所做的"微课制作技巧"两个专题讲座；2017年12月27日在葵涌中学举行了"如何制作微课"的专题培训，工作室中有微课制作特长的老师（徐丹丹、陈春燕、丁泽霞）逐一分享了他们的微课制作经验，跟大家交流了相关软件的使用方法和技巧，为大家在技术层面提供了更多个性化的选择，也让大家对微课制作有了更深刻的认识；最后欧阳华乐老师介绍了微课制作的注意事项。通过这些培训，进一步为大家提供课题研究的理论支撑和技术支持。

4. 阶段小结，有序推进

2018年3月欧阳华乐老师在对微课的前期研究情况进行系统小结的同时，为了加强后续研究的针对性、计划性和实效性，又制定并公布了《中小学微课资源开发和创新应用第二、三阶段研究活动的实施计划》。在本计划中，欧阳华乐老师不仅对本课题第二、三阶段研究内容、步骤及活动安排做出了更为清晰的部署，而且指出：微课作为一种新型的课程资源，以其简单化、实用化、多样化和智能化备受师生欢迎，具有广阔的教育应用前景。它对于辅助学生学习与教师的自身发展都起着重要的作用。大家应该以积极的态度、冷静的思考，参与微课的建设与应用研究，让微课成为中小学生学习的"催化器"，叩开学生自主学习之门。为此，就今后的课题研究工作，欧阳老师向全体成员提出了"精诚团结，分工协作；加强学习，提高质量；以生为本，选准切口；坚持研究，注重实效"四点基本要求，给大家进一步明晰了方向与措施。

5. 不断尝试，深化研究

为了进一步推进微课在相关学科课堂教学中的有效应用，拓展中小学教师互相学习交流的空间，打造富有信息技术特色的中小学课堂，进一步探索激发学生学习兴趣的方法，提高课堂教学的针对性和有效性，切实提高教育教学质量，为了更好地承前启后，让大家在不断的实践与反思中成长，根据《中小学微课资源开发和创新应用第二、三阶段研究活动的实施计划》，欧阳华乐老师组织开展了一系列微课创新应用的研讨交流（每月至少1次）活动，具体情况见下表。

微课创新应用研讨交流活动一览表

活动时间	活动主题	负责人	活动地点
2018.03.21	复习研讨课《力》	徐磊	葵涌中学
2018.04.28	同课异构《电阻的测量》	陈志荣、郑丹琳	华侨中学
2018.05.11	复习课《电学实验》	徐丹丹	葵涌中学
2018.06.14	《字母表示数》	杨光琴	葵涌中心小学
2018.06.14	《不确定性》	韩双	葵涌中心小学
2018.07.06	交流假期微课的研究任务等	欧阳华乐	各成员学校
2018.09.08	布置本学期微课研究计划	欧阳华乐	葵涌中学
2018.10.11	同课异构《电压》	彭丽燕、王莉	葵涌中学
2018.11.21	新区初中物理青年教师基本功比赛活动	程烩、陈志荣郑燕娟、郑丹琳	葵涌中学
2018.12.29	"微课在课堂中的有效应用"的教学研讨暨专题讲座活动	古雅君	葵涌中学
2019.03.27	《浮力》	王松飞	南澳中学
2019.04.10	《百数表》	黄敏祺	人大附中深圳学校
2019.05.29	《电路故障的分析与判断》	邱美强	华侨中学

通过一次次"微课在课堂教学中的有效运用"的实践研讨活动，促进了成员间的相互交流，让大家不断探究与思索，让大家在践行、分享、互助中成长。相关成员及时阶段性总结使用微课教学前后学生学习效率的不同等情况，撰写心得体会。同时，每次研讨课后，我们都收集了与该主题相关的教学设计、微课、自助学习任务单及教学反思等教学资源，以便提供给更多的教师学习与参考。

另外，除我们课题组自身的研讨交流活动外，我们还鼓励全体成员积极参加各级各类竞赛（如教学设计比赛、微课制作大赛、讲课比赛等），让大家在一次次历练中不断探究、强化学习、增长阅历、开阔视野、提升素养。

6.专家指导，提升品质

为了解决我们课题组成员在微课制作和运用过程中遇到的困难，掌握微课制作的不同方法和技术，按计划完成各项任务，为了让课题组成员了解微课的发展状况，更好地将微课运用到课堂教学之中提高课堂效率，为了让大家掌握课题研究的基本方法和原则，有效突破课题研究中遇到的瓶颈问题，我们又先后7次请相关专家就不同的主题给我们成员进行培训讲座（见下表）。

专家培训讲座一览表

活动时间	活动主题	负责人	备注
2018.04.18	课题研究成果有效提炼方法	朱美健	省教研员、教授
2018.05.11	微课在复习备考中的应用	熊华	龙岗区教研员
2018.10.29	微课资源建设与有效应用	袁虹	坪山区教研员
2018.12.29	交互式软件在微课中的创新应用	廖矗	信息技术专家
2019.03.27	交互式微课的制作方法介绍	廖矗	信息技术专家
2019.05.15	手机开发微课的方法介绍	雷斌	龙岗区名师
2019.05.29	微课课例展示暨有效复习备考	邓颖	福田区名师

通过专家的指导，我们及时解决了有些成员的困惑与迷茫，让大家对微课制作及其有效应用等有了更加全面系统的了解，且知道如何加强课题研究成果的总结与提炼，进一步提升了课题研究的质量。

（第二阶段课题研究的方法主要有行动研究法、个案研究法等。）

（三）提炼总结阶段（第三阶段：2019年5—6月）

本阶段的主要任务：整理课题资料、撰写论文并进行评比、撰写典型案例、撰写结题报告等。伴随着课题研究的进行，教师对微课的建设与创新应用问题进行了不断的探究与深入的思考，并撰写了一系列高质量的教育教学论文（目前我们收到的相关论文共23篇）和典型案例（目前共收到微课建设及创新应用方面的典型案例4份）。笔者在课题组各成员研究的基础上撰写本课题的研究报告。计划下学期召开课题研究成果汇报会，推广实验成果。

（第三阶段课题研究的方法主要有经验总结法等。）

三、结论与成果成效（包括结论、成果、效果及其证据和数据等）

两年来，在欧阳华乐老师的带领下，本课题的研究工作一直有条不紊地进行着，大家齐心协力、分工合作；共建共享、互联互通；实验探究、分享交流；总结提炼、共同提高。在全体工作室成员的共同努力下，在微课制作和实际应用方面取得了一些成绩。

（一）提炼出一些有价值甚至有创意的结论

1. 在微课制作方面

（1）微课的制作工具很多，选择自己喜欢的或熟悉的即可。在实际使用中，往往应根据自己所要达到的目标来选择对应的软件。

（2）在选用软件的过程中，并非功能越强大的软件使用越多，因为它们往往过于复杂而不容易掌握及推广；恰恰相反，由于手机的普及及功能的提升，用手机制作微课，既简单又实用，且制作效果不错，所以更受广大师生欢迎。

（3）普通微课适合个体学习；而交互式软件可以方便地制作出具有交互功能的微课，更适合需要师生互动交流的课堂。

2. 在微课应用方面

（1）在教学方式上：可以方便地将我们目前的普通课堂转化为"翻转课堂"，使教学方式由"我教你学、先教后学"转化为"先学后教、以学定教"成为可能；有些知识点的学习可以由学校集中面授转化为学生自主远程微课自学。

（2）在课堂教学中：在课前准备好不同层级、不同类别的微课辅助教学，有利于进行分层教学和个性化教学。将微课恰当地运用到课堂教学中的关键点或关键环节，将大大激发学生兴趣、提高课堂效率。这几个关键点（环节）分别是：营造真实的教学情境；一些抽象概念的讲解；一些无法在教室演示完成的实验；一些不便于（有危险）在教室演示的实验；有必要重复播放给学生观看学习的内容；能够略去不必要的过程，短时集中给学生提供较多信息的地方；需要给学生提供针对性、个性化帮助的地方；能够及时统计分析数据并给师生提供交互性教学的地方。

3. 在辅导学生方面

（1）大班额教学时，可以将部分学生在课堂上没有听懂、弄明白的知识、练习题制作成微课，以供学生利用课余时间反复播放，直到他们弄懂为止。

（2）在时间非常紧张，无暇在学校给学生即时的、面对面的单独辅导时，可以采用双向微课（学生将自己的认识或解题思路制成微课发给教师；教师闲暇时观看学生微课后，将发现的问题或正确的解题方法制成微课发给学生）的方式对学生进行帮助。这种方式既让教师及时发现了学生的问题，又帮助学生理清了解决问题的思路，还激发了学生的学习兴趣，更增进了师生的感情，效果非常好。

（3）对于部分学困生，可以与成绩好的学生结成对子，利用微课进行交流与帮扶。

4. 在提升教师专业素养方面

（1）微课制作过程是一个教师在教学设计、内容把握、语言表达及教学技能等方面的综合体现，需要教师对教学内容进行深入的研究、挖掘、再创造、再反复推敲、修改斟酌并设计出符合学生特征的教学方案，这是对教师教学经验、教学技能的一次考验。所以，制作微课的过程是促进教师自我反思、自我成长的过程。

（2）微课资源库的建设是一个耗费大量人力物力的过程。为了制作出更精练适合学生学习的微课，全体教师分工协作，在撰稿、审稿、制作、复核等过程中，大家不断地交流、讨论和修改。这既是一种新型的协作分享、共同研修的学科教研模式，也是一种互帮互学、同伴互助的教师成长方式。

（二）在课题组成员的共同努力下，取得了一定成效

1. 在学生成长方面

改变了学生的学习状态和成绩。在不断将微课融入课堂教学实践的过程中，促进了教与学方法的转变，让学生养成自主学习的习惯，激发了学生的学习的兴趣，学生参与度明显增多，课堂教学效率明显提高，对应班级成绩明显进步（见典型案例2、3、4），大鹏新区今年的中考成绩较去年大幅提升。

2. 在教师成长方面

促进了教师的专业化发展。课题组成员在各级各类竞赛中荣获区级以上（含区级、市级、省级及国家级）奖项40多人次（其中市一等奖以上奖项7人次）；10篇教学论文分别发表在不同的刊物上；荣获区级以上（含区级、市级、省级及国家级）荣誉30多人次；有2位教师被评为大鹏新区"中青年骨干教师"；有3位教师被评为大鹏新区"学科带头人"。

（三）在微课制作和实际应用方面取得了丰硕的成果

（1）2018年底收集到微课方面的论文等20篇，汇编成集《中小学微课资源开发和创新应用的研究》。

（2）基本完成了初中八、九年级物理各章节关键（或重要）点微课的制作

（或收集），初步建立了大鹏新区初中物理八、九年级教材配套微课资源库。

（备注：目前初中物理教材微课制作进度——八年级上册完成100%，八年级下册完成67%；九年级完成100%，整体完成度91%；共收集微课100个，其中推荐的优秀微课作品约80%，原创微课作品约20%。另外，还收到本工作室其他学科成员的微课作品8个。）

（3）小学科学学科已开发一系列有关对比实验的微课，形成了相应的资源库。

（4）2019年6月全体成员上交了微课方面的论文23篇，专家组评出一等奖4名，二等奖7名，三等奖12名。下学期将整理成书出版。

（5）就微课建设和应用进行了系统的总结，提交了典型案例4份。

典型案例1：基于Story line的交互式微课设计与应用研究
　　　　　　——以小学五年级信息技术课程为例
典型案例2：微课在初中物理教学重难点突破中应用的案例
典型案例3：微课在初中物理课堂教学中的应用
典型案例4："微课在小学科学对比实验中的开发与运用"案例
（6）撰写了课题研究报告1份。

四、问题讨论（需要在这里说明的问题）

由于本课题成员较多，共29人，且分别来自大鹏新区不同的中小学校，涵盖了物理、语文、数学、科学、信息技术、体育、美术等学科，为了不影响大家研究的积极性和限制大家的创意，但又能突出重点，故在本课题研究之初我们就确立了"以初中物理及小学科学两个学科的研究为主、其他学科研究为辅"的研究思路（初中物理一开始就明确了各成员所承担的制作任务与职责；而小学科学只有葵涌中心小学余彩丽老师一人进行"微课在小学科学对比实验中的开发与运用"这样一个主题的研究），并且不限制教师对微课应用研究的切入点，而是讲究"百花齐放、百鸟争鸣"，让全体成员都能够根据自己的兴趣爱好和学科特点，各自选择相应的侧重点来进行研究，即自由地选择自己喜欢的软件来制作微课，创造性地将微课应用到自己的教学之中，并且在实践中不断地反复实验、反思和总结，提炼出相应的策略和措施，再应用到教学实践中，促进教育教学质量的不断提升。其中，应用效果较好的典型案例有4个（前面提到的典型案例1~4），这些典型案例是我们课题组成员根据自己的兴趣爱好各自选择的研究方向，有些成效非常好。由于研究时间较短，还没来得及汇总、提炼及推广，这正是我们接下来要进一步交流和推动的工作。

五、收获与体会

微课作为一种现代化的教育辅助形式，为传统课堂教学提供了重要支撑，受到国内外教育者的广泛关注。本课题研究是在国内外研究的基础上，结合大鹏新区的实际情况进行的，我们虽深感教育科研的艰辛，但更为课题研究带给我们对教育教学的启示而欣喜——微课的制作及应用过程实际上是教师反思、总结和提炼的过程，在这一过程中教师的教育理念、教学方法及教学技能都在不断地提升，这为教师的教研提供了一种新模式。若此模式运用恰当，将为教师的成长带来新的契机。微课推动着信息技术与学科教学深度融合，给我们的教学方式带来了翻天覆地的变化。微课在教学中的创新应用既大大激发了学生的学习兴趣，又改变了学生的学习方式，更优化了学生的学习习惯，从而促进了学生综合素养的全面提升。

当然，在本课题的研究过程中，我们也遇到了一些困难与迷惑，我们还有一些工作需要进一步改进或落实：一是要建立大鹏新区微课交流平台，便于广大教师交流与实践，以便及时分辨出某一微课的优劣，优化微课资源库；二是要加强理论学习，以便及时给课题组成员高端引领和宏观调控；三是应该加强课题研究过程中的阶段性总结，以便将提炼出的有价值的东西及时地反馈给教师，让教师能及时改进教学；四是要加强成果的提炼与推广工作，让本课题的研究成果真正发挥作用，提高大鹏新区教育教学质量。

（备注：本课题是熊冠恒教授的广东省教育科学规划课题"教育信息化与中小学校深度融合的案例研究"的子课题，所以不需要单独结题，而只需提供相应的研究报告。本研究报告是按总课题的统一格式来撰写的。）

微课在初中物理课堂教学中的应用

——微课应用典型案例

微课基于教学设计思想，使用多媒体技术在10分钟以内就一个知识点进行针对性讲解。利用软件Bandicam制作的微课适用于移动学习时代知识的传播。微课在课堂中的应用策略包括：

（1）课前，利用微课创设情境，引入新课。

（2）课中，利用微课展示重点实验，不仅实验现象明显，而且让学生明白实验操作过程，从而更好地引导学生总结实验规律。

（3）课后，利用微课梳理课堂知识要点，突破难点，利于学生记忆。在初中物理课堂教学中应用微课，有利于学生掌握新知识，同时，也能提高教师的专业素养。

一、应用软件Bandicam及其功能描述

录制微课时，我们运用的应用软件是Bandicam（屏幕录像机），它是一款高压缩率的视频录制辅助软件，可录制高质量的视频和计算机屏幕。Bandicam在录制时自动压缩视频，因此，录制的文件远小于其他软件录制的文化。开启屏幕录制模式时，Bandicam可录制所有想录制的内容，并可保存为.AVI或.MP4视频格式。

区域绘制录制功能：录制一个我们想要录制的矩形区域。

实时涂鸦功能：在视频录制中实时圈出重点或者截图。

录制麦克风声音功能：把声音完美地添加到视频中，一边讲解一边录制。

鼠标点击效果功能：在视频录制中可以添加鼠标的点击效果。

有了Bandicam，我们能快速、高质量地录制微课。

二、微课的应用

微课在课堂教学中的应用策略包括：课前，利用微课创设情境，引入新课；课中，利用微课展示重点实验，不仅实验现象明显，而且让学生明白实验操作过程，从而更好地引导学生总结实验规律；课后，利用微课梳理课堂知识要点，突破难点，利于学生记忆。

（一）微课在课前应用——创设情境，引入新课

1.《大气压强》

（1）教学设计

本节课利用微课展示马德堡半球实验，让学生感知大气压强是客观存在的，而且大气压强的数值非常大。借助形象直观的微课，培养学生的抽象思维能力。

（2）应用过程

存在实验：展示播放马德堡半球实验。300多年前，著名的马德堡半球实验把两个直径30多厘米的空心铜半球紧贴在一起，用抽气机抽出球内的空气，然后用两队马向相反的方向拉两个半球，16匹马都不能把它们拉开，当马用尽全力把两个半球最后拉开的时候，发出了很大的响声，像放炮一样。由此引出空气为什么会产生这么大的压力呢？其中蕴含了什么物理道理？通过学习本节课，大家就明白其中的奥秘了。

应用效果：马德堡半球实验现象非常明显。学生观看马德堡半球实验后，惊讶于平常为什么感受不到大气压强的存在。学生了解到大气压的存在和意识到大气压强很大。有了了解就会有兴趣知道大气压到底有多大。所以，马德堡半球实验为后面大气压的测量实验做了铺垫，从而引出了本节课《大气压强》。

2.《声音的产生与传播》

（1）教学设计

本节课是人教版初中物理第二章第1节的内容。从结构上看本节是声学的初步认识。教材通过探究，从声音的产生、声音的传播到声速，都用了科学的探究过程，为后面学习声音的特性打下基础，符合《课标》的要求。利用微课创设情境，带动课堂氛围，从而引入新课《声音的产生与传播》。

（2）应用过程

激趣引疑：教师播放微课"直尺的音乐"（一段直尺演奏音乐），学生认真聆听、提问：声音是如何产生的，又是如何传播的？

应用效果：播放微课有利于吸引学生的注意力，课前，利用微课让学生倾听直尺演奏的《卡农》，感受声音的产生，从听觉角度上让学生感受声音，把学生的注意力吸引过来，从而引入本课《声音的产生与传播》，既激发了学生学习的兴趣，带动了整个课堂气氛，让学生理解声音是由振动产生的，又提高了教学效果。陈春燕老师《声音的产生与传播》这节公开课获得了区级教学技能大赛一等奖。

（二）微课在课中应用——重点实验

1."托里拆利实验"

（1）教学分析

利用微课展示托里拆利实验，让学生理解托里拆利实验原理，记住标准大气压值，引导学生学会应用已掌握的基础知识和科学探究方法来解决问题。培养学生的抽象思维能力和创新意识。

（2）应用过程

测量实验：马德堡半球实验不仅证明了大气压强的存在，还表明大气压强是很大的，那么大气压强有多大呢？接下来我们观看一个微课，探究大气压强的大小——"托里拆利实验"。

播放"托里拆利实验"微课。提问：为什么玻璃管倒转时，管内水银面会下降？为什么水银面降到一定程度后不再继续下降？哪一段水银柱是大气压强托住的？如何计算大气压？

实验中玻璃管内的水银面上是真空，管外水银面的上方是空气，大气压支持管内的水银柱不会落下，大气压的数值等于这段水银柱产生的压强，托里拆利通过实验测量出管内外水银面的高度差为760mm，通常把这样的大气压叫作标准大气压。

应用效果：托里拆利实验中水银有毒，如果现场做这个实验要非常小心，不能让水银流出，而且非常耗时。利用微课，可以将实验现象放大，能向学生很好地展示托里拆利实验，使学生明白托里拆利实验的操作过程、实验现象及测得的大气压的数值。

2.《声音的产生与传播》

（1）教学设计

本实验是《声音的产生与传播》这节内容的第二个环节——声音的传播。学生已经学习了声音的产生，利用微课，让学生了解声音传播需要介质。

（2）应用过程

声音传播：

教师提问学生：当我们说话的时候，声音是如何传播到远处的？

学生回答：通过空气。

通过问答互动为后面声音的传播需要介质做铺垫。播放微课"真空罩中的闹钟"，引导学生看视频。思考：空气抽空后，声音如何变化？重新放入空气声音又如何变化？

应用效果：真空不能传播声音。现场做这个实验，抽气效果不太好，结论几乎是教师口述出来的。通过微课，可以提前将比较成功的实验录下来，实验现象明显，教师可以引导学生归纳总结实验结论：真空不能传声，空气可以传播声音。从而引出空气是能传播声音的物质。微课不仅将实验过程展现出来，还将实验现象更好地向学生展示出来。

3.《小孔成像》

（1）教材分析

光线是看不见、摸不着的，而光的直线传播又是光学知识的第一节，如果处理不好，可能造成学生机械地记忆，很难真正理解，不利于后面的教学。教学难点是如何保证实验现象清晰、明显，培养学生提出问题、表述问题的能力。

（2）应用过程

小孔成像：通过展示树荫间的光斑，由现象自然地引导学生提出问题：光斑是怎样形成的？光是通过怎样的路径传播的？从而点出探究主题——光在同种均匀介质中的传播的应用，播放微课《小孔成像》。

应用效果：如果单纯让学生看"小孔成像"的真实实验，以往学生会误认为小孔成像所成像的形状与小孔的形状相同。所以，通过这个微课仿真实验，学生可以了解小孔成像的光路，知道光经过小孔后，会在光屏上成倒立、实像，且像的大小与物距和像距有关。此外，通过视频还可以告诉学生，如果孔的形状改变了，像的形状并不会改变，像的形状只与物体形状有关。当孔大到一定程度时，没有像，只有白白的一片。这个视频内容非常清晰易懂，可以让学生对小孔成像的形成留下深刻的印象，加深学生对光沿直线传播及应用的理解和掌握。从而让学生突破这个难点。

（三）微课在课后应用——难点突破

1.《滑动变阻器的作用》

（1）教学分析

滑动变阻器的结构和接线比较复杂，学生往往难以掌握。滑动变阻器是中考八大实验器材之一，滑动变阻器既是电学实验中的难点，也是一个易错点。利用微课，向学生展示滑动变阻器的作用，突破难点。

（2）应用过程

难点突破：

作用1：保护电路。当电压一定时，电路的总电阻越小，电流就越大，电路中的某些元件如电流表就越有损坏的可能。例如，伏安法测电阻、测小灯泡的电功率实验，滑动变阻器起到保护电路的作用。在这些实验中，往往有提示性语言"在闭合开关前"，我们一定要将滑动变阻器的滑片移到最大阻值处。如果发现有这样的字眼，基本可以确定滑动变阻器的作用就是保护电路。

作用2：改变电压、电流。在研究电流与电压的关系中，根据控制变量法，保持定值电阻阻值不变，改变定值电阻两端的电压。那么，我们如何改变定值电阻两端的电压呢？通过改变滑动变阻器的阻值改变定值电阻两端的电压和通过它的电流。探究电磁铁磁性强弱的影响因素实验中，通过改变滑动变阻器的阻值改变通过电磁铁的电流。在观察小灯泡亮度的实验中，通过改变滑动变阻器的阻值改变小灯泡两端的电压和通过它的电流，从而计算出小灯泡的实际功率。至少进行三组实验，从而推导出小灯泡亮度与实际功率的关系。所以，滑动变阻器在大多数实验当中的作用为改变电路中的电压、电流。

作用3：控制变量。在研究电流与电阻的关系时，要不停地改变定值电阻的阻值，此时，滑动变阻器的作用就是控制定值电阻两端的电压不变。通过实验我们知道，当增大定值电阻的阻值时，滑动变阻器的阻值也要相应增大，从而控制定值电阻两端的电压不变。这一点学生往往容易弄错。

应用效果：利用微课，分析了滑动变阻器在初中物理各实验中的具体作用，并从中归纳总结。通过帮助学生更好地掌握滑动变阻器在各个实验中的作用，让学生轻松地学到物理知识，突破难点。

三、微课的教学效果

高质量的微课，可以让我们不断地学习，不断地提高自己的专业素养，从而更有利于学生掌握新知识。

2016年12月，我们科组荣获"广东省初中物理示范教研组"的称号，这离不开我们物理科组教师兢兢业业，勤奋工作。在平常备课时，我们会把课堂的重要实验、重点知识制作成微课，并共享微课。在2017年深圳市第四届微课大赛中，徐磊老师的"滑动变阻器的作用"荣获三等奖，陈春燕老师的"电流与电压和电阻的关系"荣获一等奖。2018年5月徐丹丹老师在区教研活动中上了九年级物理复习课例展示课。我们科组教师不断提高自身素养，将微课积极运用于实际教学中，从而提高了教学质量。

从下表可知：我校2018年中考物理A+有9个学生，A有43个学生；B以上有64.76%。我校2019年中考物理A+有27个学生，A有77个学生；B以上有75.39%。我们物理科组在中考中取得了不错的成绩。

2018年中考（物化）学科（等级）成绩统计表

学校	亚迪	葵涌中学	华侨中学	南澳中学	布新	星宇	全区
人数	267	315	176	81	9	5	853
A+人数	22	9	3	0	0	0	34
A+比例	8.24%	2.86	1.70%	0.00%	0.00%	0.00%	3.99%
A人数	103	34	26	4	1	0	168
A以上人数	125	43	29	4	1	0	202
A以上比例	46.82%	13.7	16.48%	4.94%	11.10%	0.00%	23.68%
B+人数	63	66	32	15	1	0	177
B+以上人数	188	109	61	19	2	0	379
B+以上比例	70.41%	34.6	34.66%	23.46%	22.00%	0.00%	44.43%
B人数	53	95	46	22	1	3	220
B以上人数	241	204	107	41	3	3	599
B以上比例	90.26%	64.76%	60.80%	50.62%	33.00%	60.00%	70.22%
C+人数	23	99	53	36	5	1	217
C人数	3	12	16	4	1	1	37
C	1.12%	3.81%	9.09%	4.94%	11.11%	20.00%	4.34%

2019年中考（物化）学科（等级）成绩统计表

学校	葵涌中学	华侨中学	南澳中学	亚迪学校	星宇学校	布新学校	全区
人数	317	174	111	339	25	16	982
A+人数	27	5	0	55	0	0	87
A+比例	8.52%	2.87%	0.00%	16.20%	0.00%	0.00%	8.86%
A人数	50	28	13	123	1	0	215
A以上人数	77	33	13	178	1	0	302
A以上比例	24.29%	18.97%	11.71%	52.50%	3.20%	0.00%	30.75%
B+人数	86	47	16	83	2	0	234
B+以上人数	163	80	29	260	3	0	535
B+以上比例	51.42%	45.98%	26.13%	76.70%	9.60%	0.00%	54.48%
B人数	76	54	26	55	6	4	221
B以上人数	239	134	55	315	9	4	756
B以上比例	75.39%	77.01%	49.55%	92.90%	28.80%	25	76.99%
C+人数	65	36	48	22	15	7	193
C人数	13	4	8	2	1	5	33
C	4.10%	2.29%	7.21%	0.59%	6.40%	31.30%	3.36%

（备注：本课题"中小学微课资源开发和创新应用的研究"共收集到4个优秀典型案例，但限于篇幅本书中只分享其中一个典型案例。本案例由欧阳华乐名科研专家工作室成员陈春燕老师提供。）

深圳市教育科学规划2014年度重大招标课题

市级课题"初中物理学生积极参与课堂教学活动的策略研究"结题报告

要培养具有创新精神的高素质人才就必须实施素质教育，而素质教育实施的关键在于教育观念的转变，实施素质教育的主战场是课堂。本人是大鹏新区物理教研员，在到各个学校听课评课、开展学科教研活动的过程中发现，大鹏新区初中物理教师的教学观念仍较传统，教学方法仍较陈旧。在教学过程中，一味地灌输，把学生当成储存知识的容器，过分强调教师的作用，忽视了学生的主动性，抹杀了学生的主体地位，既影响初中物理的教学效果，也影响学生综合素养的提升及其未来的成长。为此，本人自2014年12月以来，带领大鹏新区十多名物理骨干教师进行了主体参与型课堂的策略研究。

参与研究的教师除本人是大鹏新区物理教研员外，其余的分别来自葵涌中学、华侨中学、南澳中学及亚迪学校。影响主体参与课堂教学活动的因素较多，所以在研究伊始，为提高研究的针对性和实效性，在总课题大方向的引领下，各单位教师分别选择不同的侧重点作为子课题进行研究，具体侧重研究的方向分别如下：葵涌中学——主体参与型课堂教学设计的研究；华侨中学——主体参与型课堂民主氛围的构建；南澳中学——用创意实验调动学生的主体意识；亚迪学校——主体参与型课堂语言艺术的研究。经过一年多的实践研究，各个学校就自己的研究方向分别提炼出了促进学生积极参与课堂教学活动的一些有效措施。在此基础上，我们从四个角度归纳了"初中物理学生积极参与课堂教学活动的十三项策略"，取得了一定的成绩。

一、问题提出背景和拟研究的问题

（一）本课题提出的背景

我国正处于一个迅速发展的时期，经济、科技等领域都取得了令世人瞩目的成就，然而由于我国自主性核心技术的匮乏，在发展中存在受制于人的窘迫，更受到世界范围内高新科技迅猛发展带来的严峻挑战。核心技术的开发需要的是富有开拓创新思想的人才，人才需要培养，培养需要教育。然而，中国传统教育模式下培育出的学生难以满足当前社会需要。而当前初中物理教学最为突出的问题有以下两点。

1. 教师教育理念陈旧，不利于学生主体意识的培养

传统教学观念一直影响着我们师生。传统观念认为，书本知识就是真理的象征，学生的任务就是接受并熟记那些被当作真理的知识，反复训练是实现教育目标最有效的手段。课堂上师生的交往被教师主宰，教师一味地"灌输""传授"，学生成了被动"接受""存储"的容器，教师几乎独占45分钟的课堂教学时间，不考虑学生内心的感受，不给学生的主动思维提供足够的时间与空间，学生的实践操作能力非常薄弱，创新性思维更是严重不足。

教师的权威是不可撼动的，居高临下的师生关系让学生对教师充满敬畏，本来贴近生活、亲近自然的物理课堂仿佛成了庄严的法堂。教师在使学生掌握知识的同时压抑了学生的主体性，严重剥夺和压制了学生自主学习的愿望，抹杀了学生的好奇心和主动探究的欲望。学生的精神世界和生活世界成为课堂教学"被遗忘的角落"。与现实生活的严重脱节致使学生的学习生活变得单调无聊、枯燥无味，学生变得越来越依赖、越来越懒惰、越来越消极。学生的主体意识、探究精神、辩证思维及创造能力一起被葬送和埋没。

2. 课堂教学方式单调，不利于调动学生参与课堂教学活动的积极性

由于长期受应试教育的影响，评价学校与教师的重要指标是"升学"。对分数的过分追求使得"理论讲授+大量练习"成了物理教学中最常见的教学方式。这种教学方式只注重知识的传授，而忽视了对学生个性差异（诸如学生不同的兴趣、性格、情感、意志，不同思维方式、行为习惯、知识背景、生活体验等）的尊重，师生之间相互的交流、互动和沟通完全不平等，课堂氛围毫无民主、和谐可言，整体划一、同一指令、统一要求，根本谈不上因材施教，

"训练与记忆、作业与考试"成了学生学习的主旋律。

教学活动方式的单调泯灭了学生学习的热情，学生参与课堂教学活动的积极性严重受挫。加上学生年龄还小、自信心不强、学习目的不明确、内在动力不够，大多还停留在"要我学"而非"我要学"的状态，对教学活动缺乏强烈的参与意识及愿望，而物理教师在提高学生的学习动机方面缺乏研究，没有提炼出有效调动全体学生积极参与课堂活动的相关策略，组织驾驭课堂能力又不够，且缺乏合理的课堂评价激励机制，学生的学习积极性没有得到应有的激发，很多学生过早地感觉到疲惫、厌学、迷茫甚至悲观，难以达到知、情、意、行的统一。

建构主义认为，学习实质上是学习者对知识意义的主动建构，而不是被动地接受，学生要利用已有的知识结构对信息进行主动的同化与顺应，以实现认知平衡。因此，认知的发展离不开主体的参与。没有学生的积极参与就不可能有真正意义上的认知发展；没有学生的积极参与也就无法培养学生的进取品质。然而，灌输式物理教学不符合学生的认知发展规律，与培养学生的动手能力、实践能力、创新能力及社会适应能力的教育目标背道而驰。因此，教师如何创设参与的条件，调动学生的学习积极性，唤起学生的主体意识，引导学生主动思维，使学生全面、深入、积极地参与到课堂教学活动之中，是一个值得研究的问题。

（二）拟解决的问题

本课题拟解决的问题：通过理论学习、听课调研等形式，结合教师的教学实践等多角度收集资料，进行整理，归纳出目前初中物理课堂教学中学生主体参与存在的一些问题，并通过进一步的课堂教学实验探究分析，总结出促进学生积极参与教学活动的相应策略。

二、核心概念界定及本课题研究的意义

（一）本课题核心概念的界定

《现代汉语词典》（2005年第五版）将"参与"解释为"参加"，即"加入某种组织或某种活动"。我们在日常生活中所用的"参与"多为此意。而学生的"参与"在英文中是participation，反映"学生在与学业有关的活动中投入生理和心理能量"的状态变量。

王升教授认为，教学中的主体参与是学生对教师教学的共时性合作，也是他们用饱满的情绪分享、支持与创造教学活动的过程。主体参与反映了学生对活动的正向态度，是对活动"属我"的认同和能动性作用。主体参与是学生生命力在教学中的体现，是教学民主的实际行为。学生主体参与表现为主动应答、主动设计、主动建构等，是学生在教学中印证自己、表现自己、发展自己及与人合作的途径。从教的角度来讲，学生主体参与性教学是教师认可、支持、配合学生主体参与各项教学活动的教学。

主体参与具有自主、主动、合作、探究、活动、沟通等特点。因此"初中物理学生积极参与课堂教学活动"可以界定如下：在初中物理教学中，学生作为学习和发展的主体，通过各种教学策略的实施，积极主动地、全身心地参与学科活动，自主地、高效地、创造性地达成多重学习目标的一种倾向性行为。

"学生积极参与课堂教学活动的策略"的基本内涵：在以学生作为学习和发展主体的现代教学理念指导下，为促进全体学生主动积极地参与教学全过程，达成教学目标，提高教学效率，优化教学效果，对教学活动进行控制和调节的相关方法和措施。

（二）本课题研究的意义

主体参与型课堂教学通过弘扬人的主体精神，充分肯定学生的主体地位，致力于把学生培养成具有独立自主性、自觉能动性和积极创造性的社会主体。在彰显学生个性的同时又积极顺应了时代发展的客观要求。

1. 主体参与型课堂教学是社会发展的必然要求

当今社会，信息爆炸、科学技术知识发展突飞猛进。有研究指出，20世纪70年代前，人们大学毕业后，大约有70%所学知识在退休前可运用，而在当代，这个数字已缩减为20%。当代教育必须让学生掌握终身学习与发展所需要的基本素质，主体参与型课堂教学对学生主体性品质的培养正是发展学生终身学习能力的有效手段。

2. 主体参与型课堂教学是传统教学模式改革的需要

主体参与型课堂教学模式的构建和研究以现代教育思想和教育理论为指导，引导人们对传统教学模式进行深刻反思，以期带动人们冲破传统教育观念的束缚，从根本上解决传统教学的种种弊端，真正把发展学生主体性落到实处。

3. 主体参与型课堂教学有利于提高教学质量

教学质量的高低依赖于智力因素和非智力因素的共同作用。智力因素自不待言，非智力因素的作用异乎寻常。现代教育理论认为，非智力因素对学生的学习具有巨大的推动作用。主体参与型课堂教学重视学生的需要、动机、兴趣、情感和意志等非智力因素，为高质量的教学提供了强有力的保障。

4. 主体参与型课堂教学有利于促进学生全面发展

主体参与型课堂教学是注重学生个人价值的教学，是充分发挥学生自身潜能的教学。其教学过程中突出学生的主体地位，处处围绕学生这一中心开展活动，真正把学生当作学习的主人。主体参与型课堂教学既有利于培养学生的参与意识、合作意识、交流意识、质疑意识和创新意识；也有利于增强学生的动手实践能力、荣誉感、成就感、自信心和社会责任感，从而促进学生全面发展。

三、国内外主体参与型课堂教学的研究现状述评

（一）国外主体参与型课堂教学的相关研究

随着对主体参与研究的深入，西方教育界研究课堂教学的视角逐渐从教师转向学生，有关学生主体参与的研究兴起于20世纪20—30年代的美国，其代表人物是被尊为现代教育鼻祖的约翰·杜威，由此，教育界对主体参与的研究涌现出不同的流派。

1. 约翰·杜威——"从做中学"

约翰·杜威是教育史上较早系统地论述主体参与的教育家，他就教育本质提出了"教育即生活"和"学校即社会"的基本观点。他的"做中学"思想和"儿童中心说"为学生在教学中的主体参与提供了重要的理论基础。

2. 让·皮亚杰——发生认识论

让·皮亚杰是瑞士儿童心理学、发生认识论的开创者，他认为学习是一种能动的建构过程，儿童在解决问题时如果能将知识同化到他已有的认知图示中，知识就不会很快被遗忘。但这种同化只有在儿童积极参与建构时才有可能发生，所以学习所关注的应该是儿童主动的心理建构活动。

3. 苏霍姆林斯基——全面发展的教育

苏霍姆林斯基是苏联当代著名教育家，其提出的把学生培养成为"全面和谐发展的人，社会进步的积极参与者"的全面发展的教育理论体系中，主体参

与思想是核心组成部分。

4. 布鲁纳——结构主义和发现学习

布鲁纳是美国心理学家和教育家，在教学方法上布鲁纳提倡发现学习。发现学习是指在学校中引导儿童从所见事物的表面去探索具有规律性的潜在结构的一种学习过程，在教学中不是教师讲、学生听，而是教师通过自己的引导、启发，让学生主动、积极地参与教学过程，让学生自己去认知、去概括，从而达到发展他们的目的。

5. 罗杰斯——"全部浸入"

罗杰斯是美国心理学家，他认为在教学中要使学生整个人（躯体的、情绪的和心智的）沉浸于学习之中。在参与策略方面，他认为：学习的自由是主体参与的最佳境界；教师要用情感因素促进学生自觉乐意地学习，要提供给学生主动参与的机会和条件，教师应该把学生的感情和问题放在教学过程的中心地位。

6. 布卢姆——"掌握学习"

布卢姆是美国当代著名的心理学家和教育学家，其整个教学理论的核心是"掌握学习"理论。在主体参与方面，他十分重视在教学中培养学生的自信心，激发他们的学习动机和学习兴趣，注重对学生的鼓励和学习方法的指导。他认为，教师只是学生学习的一个帮助者，应有相应策略让学生更多地参与教学活动。

（二）国内主体参与教学的研究历史及现状

早在两千多年前，我国大教育家孔子就提出了因材施教、启发诱导和学思结合的教学思想。孔子的教育理论具有鲜明的主体教育思想，他认为教学不仅是教师教的过程，更重要的是学生学的过程。他提出引导学生却不牵着他们走，激励学生学习而不压抑他们，启发学生的思维但不直接告诉结果。

陶行知是我国当代伟大的人民教育家、教育思想家，早年留学美国，师从约翰·杜威，回国后大力推行平民教育，提倡"生活即教育""社会即学校""教、学、做合一"。他认为，"好的先生不是教书，不是教学，乃是教学生学"。他特别要求教师在教学中正确地处理教与学、教师与学生的关系，教师的一切活动应落实到调动学生参与学习的积极性上，使课堂变成学生主动探求知识、获取知识的场所。

我国教育界对主体的关注始于20世纪80年代。顾明远教授指出："学生既是教育的客体，又是教育的主体。"80年代末开始对参与中学习进行理论思考的历程，在他的专著《在参与中学习与行动——参与式方法培训指南》中对参与的方法进行了系统的研究，为我国主体教育实验的深入开展做了重要的理论准备。90年代开始在实验层面上开展研究，我国教育工作者开展了关于促进学生主动发展的各种实验：北京师范大学裴娣娜教授主持了发展性教学研究的主体参与教学策略研究；华东师范大学叶澜教授主持了新基础教育实验中主体参与的课堂教学模式研究；北京师范大学博士曾琦和王升均做了系统的研究。

就初中物理学科而言，不少物理教育工作者进行了教育改革的实践，努力的方向可以归纳为如下几个方面：在教学过程中，着力考虑学生的心理特点和认知规律；创造条件，增加学生动手实验或参与实践的机会；在实验或实践活动中注意培养学生的科学态度和方法；注重现代先进的技术手段与自制教具相结合，创设生动的实践情境；注重将物理学习与社会生活联系起来，设计探索性实验，激发学生探究的热情。从主体参与研究的角度来看，这些改革及实验尚存在一定的问题：针对某一教改实验来讲，对主体的认识还有待进一步明确，对学生主体参与及其策略研究在全面性和系统性上还有欠缺；应试教育色彩浓厚，缺乏从发展性教学多重价值的维度推进，未能深层次地思考主体参与对学生发展的意义；较多从教师的角度研究主体参与，而学生层面上的研究深度不够；多数研究的成果未能及时进行宣传、推广，多数物理教师的教学理念仍然陈旧，"以学生为主体"这一现代教育思想并未得到应有的重视。

四、研究目标、内容及创新之处

（一）研究的目标

（1）通过本课题的研究，促进教师加强学习，更新教育理念，提高教学水平。

（2）总结出促进学生主体参与课堂教学活动的相关策略。

（3）实施主体参与型教学，激发学生的兴趣与热情，发挥学生的主观能动性，推动学生探究、实践、质疑、创新、交流与合作，促进学生主体成长与发展。

（二）研究的内容

本研究从初中物理课堂教学实际出发，以初中物理课堂为载体，其开展旨在促进学生积极参与初中物理课堂教学活动的策略研究。通过教学实验研究，在丰富和发展初中物理教师的教育教学理论与水平的同时，能够促进学生积极、主动、愉悦地参与学习过程，并获得学习成绩和学习能力的共同提高。拟研究的具体内容如下：

（1）学习了解国内外学生主体参与课堂教学活动的现状及趋势。

（2）通过调查分析大鹏新区各学校目前初中物理课堂教学的现状与不足，分别从"师生情感、学习兴趣、教学设计和评价激励"四个角度研究初中物理学生积极参与课堂教学活动的对应策略。

（三）研究的创新之处

（1）不同的单位（或教师）研究的侧重点有所不同，这为研究"影响初中物理学生积极参与课堂教学活动的因素"提供了更多视角。

（2）不同学校的学生情况不同，这就要求我们在制定策略时既要考虑独特性又要考虑普适性。

五、研究对象、依托理论、研究方法和技术路线

（一）研究对象

研究对象为大鹏新区部分中学的八、九年级学生及课题组的物理教师。

（二）理论依托

1. 马克思主义发展学说

马克思认为："外因是变化的条件，内因是变化的依据，外因通过内因而起作用。"虽然遗传、环境和教育为人的发展提供了的必要条件，使人自身具备多种发展潜能，但是对于学生成长来说，只是外因，只是提供了人的发展的多种可能，这种可能是潜在的，并不会自动地转化为个体发展的现实，它必须通过学生的思考作用及主客体间的相互作用，即主体的活动才能得以实现。在教与学的过程中，教师教学方法的选择、教学艺术的高低直接影响学生掌握知识能力的强弱。它只是一种对学生施加影响的外部条件，是促使事物发生变化的外在因素；而学生学习的自主性、主动性是学生掌握知识并形成能力的内部动力，是事物发生变化的内在因素。学生个体的主观能动性是其身心发展的动力，学生只有通过主体参与教学活动，才能使自身得到发展。

2. 建构主义理论

建构主义认为，个体的学习是知识意义的主动建构，而非被动接受。学习过程不是简单的信息输入、存储、提取，而是新旧经验之间双向交互作用的过程。个体要利用已有的认知结构，对外界信息进行主动的选择、推断，主动建构对外部信息的解释系统。在这一交互作用中，包含新旧知识的冲突、转变和重组。与此相应的教学观念是：教学活动不是教师向学生传递知识，而是学生主体对知识的处理和转换。学习者是教学活动的中心，教师是组织者、指导者、辅导者和促进者。教师的作用是利用情境、协作、对话等学习环境要素引发学生独立思考、动手操作、积极发言等主动参与的外显行为，让学生主动建构他们所学知识的意义。离开了他们的主动参与，教学效果不理想是可想而知的。可见"参与—建构—发展"是课堂教学的实质，学生在参与中建构，在建构中发展。

3. 人本主义心理学

美国心理学家罗杰斯是人本主义心理学的代表人物之一，他强调意义学习。所谓意义学习，不仅涉及事实累积的学习，而且它是指一种使个体的行为、态度、个性及未来选择行动方针发生重大变化的学习。罗杰斯认为，意义学习包括四个要素：第一，学习具有个人参与的性质，即整个人都投入学习活动；第二，学习是自我发起的，即便刺激来自外界，也要求发现、获得、掌握和领会的感觉来自内部；第三，学习是渗透性的，它会使学生的行为、态度乃至个性都发生变化；第四，学习是由学生自己评价的，因为只有学生最清楚某种学习是否满足自己的需要，是否有助于获得他想知道的东西。当学生负责任地参与学习过程时，就会促进学习。学生自己选择学习方向、参与发现自己的学习资源、阐述自己的问题、决定自己的行动路线、自己承担选择的后果时，就能最大限度地投入意义学习。

4. 多元智能理论

美国发展心理学家加德纳在《智力结构》一书中提出多元智力理论，认为每个人都同时拥有九种不同的智力，而这九种智力在不同的人身上是以不同的方式、不同程度的组合存在的。初中物理课程应该改革单一的以甄别和选拔为目的的评价体系，注意过程评价与结果评价相结合，构建多元化、发展性的评价体系。主体性教育应该以学生发展为宗旨，关注个体差异、关注学生成长的过程、关注全体学生的良性发展。

（三）研究方法

1. 理论研究法

学习建构主义理论、现代认知心理学、《课标》等一些相关理论或文件精神，借鉴相关知识理论，指导本课题的研究。

2. 文献分析法

通过对国内外有关主体参与课堂教学文献的收集和研究，了解国内外主体参与教学活动的现状及趋势，从而找准研究的切入点，争取在现有研究水平的基础上有所提高和突破。

3. 调查研究法

通过调查了解教师、学生对于主体参与教学的认识及目前初中物理教学的状况，为初中物理主体参与型课堂教学模式的构建提供一些资料。调查的形式主要有对教师和学生的谈话记录和调查问卷。

4. 行动研究法

参与本课题研究的教师将自己从课题研究中获得的教学理念逐渐转化为教学行为，观察学生在物理课堂教学中行为特征的变化，在实施的过程中不断总结、反思、修正、再实践，逐渐积累经验。

5. 经验总结法

课题组成员定期召开相关会议，总结各阶段的得失，认真撰写阶段性报告，不断调整课堂教学实验的方式与方法，以便在促进学生参与课堂教学活动方面取得更为理想的效果。

（四）技术路线

本课题主要依据建构主义理论、人本主义心理学和多元智能理论等理论进行研究。首先，从文献分析入手，了解国内外关于主体教育的研究现状和发展趋势，学习相关理论及他人经验，更新相关教育教学理念；其次，采用调查研究及实验研究的方法，了解目前初中物理教学中学生的行为表现；最后，通过实验研究和经验总结相结合的方式，探索提炼出促进学生积极参与课堂教学活动的具体策略。

六、研究阶段和实施步骤

本课题自2014年12月申报至2015年12月底完成,历经以下三个研究阶段。

第一个阶段:准备阶段(2014年12月—2015年3月)

该阶段主要工作:利用物理学科教研活动时间传达课题研究精神,动员全区初中物理教师积极参与课题研究,初步筛选参与本课题研究的教师,组建课题研究小组;分析该课题国内外研究的现状和发展趋势,完成课题的选题且确定各成员单位承担的子课题,并论证其可行性,明确课题组各成员的分工与职责;完成课题的申报立项,以及课题立项后的开题准备工作,如广泛收集资料、组织成员学习相关理论及他人经验等工作。

[备注:由于影响主体参与课堂教学活动的因素较多,所以我们主要按单位(或教师个人兴趣)分别选择不同的研究方向,确立对应的子课题。]

各成员单位对应的研究方向

主课题	下属成员单位	各成员单位对应研究的子课题
初中物理学生积极参与课堂教学活动的策略研究	大鹏新区葵涌中学	初中物理主体参与型课堂教学设计的研究
	大鹏新区华侨中学	主体参与型课堂民主氛围的构建
	大鹏新区南澳中学	用创意实验调动学生的主体意识的研究
	深圳亚迪学校	主体参与型课堂语言艺术的研究
由教科研中心承担	各单位的教师也可以根据个人兴趣爱好另外选择子课题来研究	

第二个阶段:研究实施阶段(2015年3—10月)

该阶段主要工作:课题组成员一起商讨课题研究方案;围绕课题研究目标开展研究,探索激发学生主体参与初中物理教学活动的策略;做好相关研究材料的收集与整理工作。

1. 了解情况,研究策略

我们于课题研究之初(2015年4月)分别制定了《中学物理教师课堂教学行为调查问卷》和《初中学生参与物理教学的问卷调查》,并在参与本课题研究的学校(分别是葵涌中学、华侨中学、南澳中学和亚迪学校)对师生进行了问卷调查。各学校对问卷数据进行了认真的分析,从而了解到目前初中物理教师的教学行为及学生在物理学科方面的学习行为表现等情况,为我们探究"初中物理学生积极参与课堂教学活动的策略"提供依据。

2. 课例展示，步步推进

为了分步推进本课题的研究，我们深入课堂听课、评课，对典型案例进行深度剖析。参与本课题研究的骨干教师分别以自己所任教的班级为研究对象开展研究，并且先后安排了6位教师在研究过程中分别根据自己研究的方向开设了对应的汇报课（见下表）。课后上课教师介绍了自己目前的研究状况、本节课的设计思路及教学流程等情况，听课的教师分别对这节课提出了自己的看法，并对本课题今后的研究提出了宝贵建议。

课题组成员汇报课安排情况

上课老师	上课时间	上课地点	课题	研究方向
徐丹丹	2015年3月18日	葵涌中学九（7）	《密度》	教学设计的研究
王心灵	2015年4月21日	亚迪学校八（4）	《功》	语言艺术篇
罗晓西	2015年6月3日	葵涌中学八（5）	《机械效率》	教学设计的研究
王松飞	2015年6月17日	南澳中学八（3）	《滑轮组》	创意实验篇
高雄武	2015年12月8日	华侨中学八（2）	《质量》	民主氛围的构建
徐丹丹	2015年12月13日	葵涌中学九（1）	《电和磁》	教学设计的研究

3. 专家指导，深入研究

为了让大家了解如何进行课题研究，如何更好地进行结题，我们于2015年5月和10月分别邀请了相关科研专家（深圳市教育科学研究院的主任黄积才和龙岗区进修学校的鲍远根老师）到大鹏新区为全体课题组成员做了相关专题讲座。通过培训让大家的课题研究工作更加规范有效，且知道如何加强课题研究成果的总结与提炼，进一步提升了课题研究的质量。

4. 阶段总结，经验交流

在研究期间（2015年6月；2015年9月、12月）我们分别组织过本课题研究状况的经验交流会。会上各研究成员单位对自己的研究进展情况进行汇报，反映了研究过程中遇到的困难与问题，既对今后的课题研究提出了相应的设想与做法，也对如何激励学生主体参与物理课堂教学活动提出了宝贵的意见与建议。

5. 收集整理，归纳策略

通过6次优质课例展示和全体课题组成员的相互研讨，我们不断总结经验，改进实施方案，在促进教师专业化成长的同时，深入探索学生主体参与初中物理课堂教学活动的有效措施，最终大家一起总结出不同情形下激发学生主体参与物理课堂教学活动的方法与策略。

第三个阶段：总结研究成果阶段（2015年10—12月）

本阶段的主要工作：整理课题资料、撰写论文、结集成果成册。伴随着课题研究的进行，课题组教师对教学实践中的现象和问题进行了深入的思考和总结，并撰写了一系列高质量的教育教学论文（目前我们收到的相关论文共13篇）。本人在各个学校研究的基础上撰写了《"初中物理学生积极参与课堂教学活动的策略研究"的结题报告》。

七、课题研究的成效

（一）探究总结出"初中物理学生积极参与课堂教学活动的具体策略"

当今社会的迅猛发展，迫切需要具备终身学习能力和自我发展能力的主体型人才。学生主体积极参与课堂教学活动的主导思想就是建立在对学生尊重、信任的基础上，给学生提供充分自由的发展机会。它不仅关注学生眼前的成长，更注重学生未来的发展，是对传统教学模式的继承和超越。我们课题组成员对初中物理学生积极参与课堂教学活动的策略进行了探索，从"师生情感、学习兴趣、教学设计和评价激励"四个角度总结出了推进物理教学主体参与课堂教学活动的"十三项具体策略"。

1. 从师生情感入手——让学生以愉悦的心情参与课堂教学活动

师生关系是教育过程中最基本、最重要的人际关系，师生关系的好坏直接影响教育的效果，甚至成为教育成败的关键。学生主体参与的课堂强调师生之间平等、民主，强调生生之间团结合作和互助。和谐是心灵沟通的桥梁！和谐课堂是建立良好师生关系的关键。构建和谐课堂就是要遵循教育规律，注重以生为本，为学生创设民主和谐的课堂环境和自主参与的教学情境，从而激发学生自主探究学习的热情，使学生的主体地位得以充分体现。那么，如何创设民主和谐的课堂呢？

（1）营造轻松融洽的情感氛围。教学是教师的教和学生的学组成的一种双边活动，是教与学相互制约、相互作用的过程。情感是教学的催化剂，爱是教育的原动力。教师要树立正确的学生观，建立起民主平等、教学相长的师生关系，平等地对待每一位学生，给予每一个学生信任与尊重，与学生多沟通，主动关爱学生，做学生的"知心朋友"，并努力历练自己优良的作风和品行，用知识的力量和人格的魅力赢得学生的尊重和信任，因师生互信、生生互动而教学相长。在课堂上，教师温雅的情绪、甜甜的微笑、风趣的教态及信任的眼神等都会从心灵深处感染学生，激发学生学习的欲望，最大限度地激发学生的激情和创意。（策略1）

（2）提高课堂教学语言的艺术性。语言是师生关系的润滑剂，是师生相互信任配合的关键。教师可以从以下三方面来提高自己语言的艺术性：一是教师上课时要多使用幽默、机智的语言。在物理课堂中，教师说出一些机智、幽默的话往往会让学生发出"会心的一笑"。而这种看似不经意的会心一笑对增进师生感情、改善师生关系、提高学生上课的专注度等都有非常重要的作用。例如，在讲到声音的传播需要介质的时候，有一个在月球上不能传播声音的例子，这时我们说："世界上最遥远的距离就是我跟你面对面站着，可你却听不到我在说什么。"二是要使用平等的、协商的，而不是命令式、强制性的语言来讲课。教师经常通过"你觉得这个物体……""可是我觉得它应该……""他说你的观点……""大部分同学认为你说的……"等适当的语言让学生感受到他们受到了充分的尊重，他们的观点随时可能被采纳。这样，每一个学生都会积极思考，争先发言，对课堂兴趣盎然。三是适度的表扬、及时的肯定和善意的批评，让学生的参与得到认可。对于初中学生来说，表扬和肯定仍然是他们认真学习和积极发言的强大动力，我们决不能吝啬。而对于不正确的发言，我们更应该正确对待，既要指出和改正学生知识上的错误，又要肯定他们积极思考和发言的行为，千万不能因为观点错误而横加指责，那样会永久性地挫伤学生的积极性。赞美是人生前行路上的"助推器"，有时赞美会改变人的一生。而教师赞美学生时，更应该注意以下几点：要把握好赞美的时机和尺度，要讲究赞美的方式和方法。只有这样，才能有效地激发学生参与学习的积极性。（策略2）

（3）给学生创设成功体验的机会。成功源于自信，自信使人成功。没有什么东西比成功更能激发学生进一步求得成功的努力。成功感不仅可以提高学生的学习兴趣、激发求知欲望，还可以充分调动学生学习的积极性和主动性。一次成功的体验，可以十倍、百倍地增强学生的自尊心和自信心。因此，教师应该创设成功的机会，让学生获得成功的体验，使学生沿着获取成功的方向发展。在教学中，教师应了解学生的兴趣、爱好和个性心理特点，安排相关活动，让学生乐于参与；教师应根据个体差异，注重因材施教，分层推进教学，激发各层次学生的学习热情；教师应注意教学方式方法的针对性、灵活性与多样性，帮助学生跨越一个又一个障碍，以便让不同层次的学生都有收获，体验到成功的快乐和满足；教师应实施以鼓励表扬为主的多视角评价体系，给学生以信心。心理学家詹姆斯说过："人最本质的需要就是渴望被肯定。"一个不断被别人欣赏、肯定的学生，他会更加自信地去实现一个又一个学习目标，在不断超越自我的过程中走向成功。（策略3）

2. 从学习兴趣出发——多方位调动学生主体参与课堂教学活动的激情

杨振宁说："成功的真正秘诀是兴趣。"确实如此。学生能否积极主动地参与教学很大程度上取决于教师是否创设了能激发学生兴趣的教学情境。在教学中，教师要善于创设激发学生快乐学习的教学情境，为学生提供乐于参与并获取成功的机会。事实上，当学生对学习产生了欲望和要求时，就会渴望获得知识，并在学习过程中伴随着愉快的情绪体验。那如何激发学生的兴趣呢？可从以下几方面入手：

（1）引经据典，用科学家的故事不断激励学生。物理学是一门自然科学，物理学的发展不仅呈现了物理学家的研究思想，还展现了运用物理学后给人类带来的巨大成果，更体现了科学家们严谨治学的科学态度和不屈不挠的科学精神。在实际的教学过程中，教师适时地讲述物理学家的经典事例既能给学生带来丰富多彩的知识，也能启迪学生的心灵，让学生的意志品格得到熏陶。例如，中国本土第一位获得诺贝尔科学奖的科学家屠呦呦，她发现了青蒿素，挽救了成千上万疟疾患者的生命。科学巨匠牛顿从苹果落地的现象中引发了深入的思考："为什么苹果会落到地上，而不是飘上天空？"最终他发现了举世瞩目万有引力。意大利物理学家和天文学家伽利略坚持日心说的真理，反对托勒密的地心说，为此，1633年年近七旬的伽利略被终身监禁。发明大王爱迪生经历了13个月的艰苦奋斗，试用了6000多种材料，进行了数万次的试验，才造出电灯。法拉第一直认为各种自然力都存在密切关系，而且可以相互转化。继奥斯特发现电能生磁之后，他提出磁也一定能产生电，并决心用实验来证明它，但是各种努力都失败了，经过近10年的时间，直到1831年他终于在实验中发现电磁感应现象……这些科学家的故事好像一剂剂兴奋剂，不断激励着学生，让他们热爱祖国，不畏权势，坚持真理，以严谨务实的科学态度和锲而不舍的创新精神去探寻绚丽多彩的物理真谛。（策略4）

（2）联系生活现象，让学生体会到物理就在身边。物理是一门和自然现象、实际生活联系最密切的学科，生活中有很多物品都是利用基本物理原理制成的，生活中的大量现象都包含物理知识。实践证明，这些实际的生活情境很容易引起学生的兴趣，使学生产生主动学习的愿望。教学需要从学生熟悉的实际情境出发，用学生熟悉的语言引入，使学生感到生活中处处有物理，学习起来自然、亲切、真实；同时，让学生明白，学好物理知识，能解决自己身边很多实际问题，这样容易激发学生的学习兴趣，提高学生的参与意识。

例如，讲电路的串并联，就研究教室的日光灯；讲凸透镜成像，就研究课室的展台和投影机；在讲电学时提出"油罐车为什么拖一条长尾巴——铁链？"学习光学时提出"为什么雨后出现彩虹？"讲解电磁学时引入"磁悬浮列车是怎样工作的？"此外，还可以结合教学内容有选择地给学生介绍一些宇宙、航空、激光、超导、高能物理方面的科技前沿知识及信息……通过这些实例，学生能深刻地领会到，物理就在自己身边，学习物理可以为自己的生活服务。从而，学生学习物理的兴趣和积极性就会得到极大提高。（策略5）

（3）改进实验条件，给学生创造更多的真实体验。物理学是一门自然科学，实验是研究物理学的重要途径，通过实验容易使学生掌握相对抽象的概念，如速度、升华、折射等。科学事实告诉我们，实验能激发、培养学生兴趣，是其他任何教学手段所不能代替的，它对学生成长起到了重要的促进作用。

过去因条件限制，教师常以"讲实验"代替学生的动手操作，学生动手实验较少。随着教学条件的改善，应当改变过去那种演示实验多于学生实验的状况，积极地创造条件，将演示实验改为学生实验，变学生被动接受为主动求索，培养学生动手操作能力；将验证性实验改为探索性实验，变学生的依赖思想为探索精神，培养学生忠于实验数据的求实精神；将测量性实验改为设计性实验，变思维的单向性为多向性，培养学生的发散性和创造性思维。例如，当讲到"液体蒸发吸热"现象时，我让学生自己用药棉蘸些酒精涂在自己手

臂上，然后把感觉描述出来，再问他"生活中还有类似现象吗？这说明了什么？"（策略6）

（4）适当使用多媒体，充分发挥信息技术的优势。信息时代，把计算机多媒体技术引入课堂教学是实现教育现代化的一个重要内容。它具有许多优势：

① 多媒体教学可以丰富课堂教学的内涵。计算机所传递的信息具有形象、客观、生动、丰富的特点，它可以调动学生的多种感官参与学习活动，通过了解事物的形象、声音、变化和发展过程去获取信息，大大提高了学习效率。与单一的语言和文字媒体相比，不但提高了实验的可见度，增强了教学的效果，而且增大了课堂的教学容量，提高了教学质量。此外，还可以让学生在课外自主自发地利用计算机等进行再学习，使学生知识的深度、广度等也得到拓展。

② 利用多媒体可以优化物理教学过程。采用电教媒体，借助幻灯、录像、电影及电脑等多媒体技术以生动、形象鲜明的视听效果呈现物理图像、活跃课堂气氛；创设教学情境，再现物质与运动的规律；建立相关的物理模型，有效揭示客观事物的本质和内在联系；冲破时空的限制，模拟演示有关物理实验，充分展现自然现象及其规律特征……为学生提供丰富的感知对象，能最大限度地激发学生对物理的学习兴趣，对学生主体性的发挥，创新意识和探索精神的培养起着重要作用。

③ 应用多媒体技术可实现因材施教。因材施教是优化教学过程的重要目标之一，但传统的文字教材、录音教材、录像教材，其信息组织结构都是有顺序的，要在传统教材中同时满足基础较差、一般和优秀学生对教学内容的不同需求是很难做到的，而在多媒体电子教科书中，利用多媒体的超文本功能可按学生的知识基础、水平把相关学科的预备知识及开阔视野所需的补充知识组成有机的整体，其信息组织结构是非线性的网状结构，只要利用超文本功能设置相关知识的一些热键即可，学生可根据自己的实际能力、学习需要安排自己的学习。人类的记忆也是网状结构的，可利用多媒体发挥学生的个性，加快获取知识的速度，提高获取知识的能力。

总之，生动的、引人入胜的教学往往能唤起学生对所学课程的兴趣，从而深入、扎实地去掌握科学知识。通过以上教学可以促使学生通过对一节课、一种物理现象、一堂实验课感兴趣，从而培养他们对整个物理学感兴趣，进而去

探索科学奥秘。因此，在中学阶段培养学生对物理知识的兴趣是每一个物理教师都应为之努力的。（策略7）

3. 从教学设计出发——多渠道引导学生主体积极参与教学活动

物理学科常见的课型有新授课、实验课、复习课、习题课、试卷讲评课及实践课等，不同的课型教学模式不同，教学设计自然也就不同。以新授课为例，葵涌中学物理教师（课题组成员）"以学定教、教学合一"的"讲学稿"教学设计流程一般包括以下几个环节：自主预习（课前）、学讲互动（课堂引入、合作交流、成果展示、组间质疑、突破点拨）、巩固提高（当堂练习、相互辅导、教师解惑）、学讲体会（我的收获、我的疑问）、小试牛刀（当堂检测）。当然其他课型的教学环节与新授课不尽相同，但有部分环节可能是相同的。主体参与型课堂是完全建立在以学生为主体理念上的一种教学设计，它强调将"思考、时间、空间、机会及体验"等还给学生的生本教育观。正如一位学者所说："一切的教学理念都是为教学服务的，课程改革的关键在教师，主战场在课堂。"只有教师彻底转变教学理念，不断优化教学设计，关注激发学生对物理学习的兴趣，引导学生形成积极主动的学习方式，在课堂上注重培养学生的主体参与意识，才能培养出符合社会需要的新型人才！所以，在这里我想跳出任何一种教学模式来谈谈"为促进学生主体积极参与上述各环节的教学活动，我们在教学设计时应采取的一些策略"。

（1）提前布置，让学生有准备地进入课堂。学生是否能有准备地听一堂课，对其听课的效率影响是很大的。有准备地听一堂课，有很多好处：一是将会让学生有较好的知识准备，为其较轻松地听懂课奠定基础；二是让学生对新课中的有些问题有所思考，听课时可以有的放矢地把握重难点；三是在准备过程中，学生可以获得更丰富的信息，激发其进一步学习的兴趣；四是对将要学习的内容做了准备，能让学生拥有较大的信心积极参与课堂教学活动……那么，如何让学生有准备地进入课堂呢？

方式之一：自主预习。"讲学稿"教学模式的最大特点是"先学后教、以学定教"，特别强调课前预习，每堂课前都要布置学生预习下节课将要学习的内容，并设置一些难度适中的题目让学生自主完成。

方式之二：布置任务。我们可以根据不同的课题给学生布置一些小任务。任务的形式可以是小调查、收集资料、查阅相关书籍等。例如，在学习《电功率》这节课的时候，我就在课前给学生布置了这样一个小调查，让学生以小组的形式去调查附近商场里面哪些用电器比较省电，并记录好相关的数据。学生在调查过程中不仅为即将学习的知识做好了准备，而且激发了对知识的浓厚兴趣，更重要的是养成了自主学习的习惯。（策略8）

（2）巧设悬疑，让学生在好奇中思索。在物理教学中，教师恰当地创设课堂教学情境，可以活跃课堂气氛，营造和谐课堂氛围，能够唤醒学生的好奇心，激发学生的内驱力，引发学生的积极思维，使学生进入问题探索者的角色，在合作探究的过程中提高分析问题和解决问题的能力。例如，在学习浮力相关知识时，我们可以这样设置悬疑："同学们，在讲台上有三个烧杯，其中一杯是清水，另外两杯是盐水（教师事先准备好浓度不同的盐水）。现在我将同一鸡蛋分别放入这三个杯子中，大家猜猜将会看到什么现象。"待学生充分表达自己的意见后，再进行实验，结果发现清水中的鸡蛋沉于杯底，而在盐水中的鸡蛋要么漂浮，要么悬浮，为什么呢？让学生带着满腹疑惑来听课，效果特别好。（策略9）

（3）问题驱动，激发学生积极思维。为了充分发挥学生的主体作用，让学生成为学习的主人，教师成为学习的领路人，教师应利用"问题驱动"的手段来调动学生的积极思维。问题的设计应依据教学内容与目标、学生的认知结构来进行，问题的密度、梯度、难易要适度，让学生有思有得。主体参与问题要有一定的思维负荷，具有激发思维的驱动力。既要注意问题的数量，又要讲求问题的质量，更要注意问题的知识点的覆盖面。教师要善于培植学生的兴奋点，不断激发学生对问题进行质疑、讨论、争辩和探索，并要将这些问题合理分布到教学过程的各个环节中，让学生在学练结合中，积极、主动地探究，实现高效率的学习。

问题可以通过小黑板或多媒体来展示，也可以是口头表达，对于复杂的问题注意适当提示或分步骤呈现。对于需要分工才能完成的任务或实验，一定要明确小组各成员具体的职责与任务，引导各小组成员团结协作、共同完成；明确完成各任务的步骤、要求及评价方式，以便有效地调动学生参与的积极性。（策略10）

（4）变换方式，吸引学生积极参与。单一的教学方法和教学手段常常会使学生感到疲劳、厌倦，久而久之使学生失去学习的兴趣。教学有法，教无定法。只要能激发学生的学习兴趣，提高学生的学习积极性，有助于学生思维等能力的培养，有利于学生对所学知识的掌握和运用，都是好的教学方法。教师不应该拘泥于任何一种教学方法或教学手段。教师在教学的过程中，应从细节做起，周密地设计教学过程的各个环节，积极开动脑筋，灵活运用教学方法与手段，以引导学生积极参与课堂活动。

课堂活动的形式很多，如阅读、朗读、齐读、听写、必答、抢答、讲解、演示、辩论、小组讨论、小组竞赛、当场检测、学生自测、同学互测等，上述形式的选择应从培养学生的阅读、表达、理解、计算、推理及记忆等能力的角度来考虑。教师应通过这些方式将对学生的训练全程贯穿各个环节，并结合本学科的特点，恰到好处地应用插图、挂图、实验和多媒体等设备器材来呈现有关内容，展示某些现象，解释相关难点，以此吸引学生参与，从而提高课堂效率。（策略11）

（5）适时引导，让学生的思维火花在交流中绽放。新课程的核心理念是"为了每一位学生的发展"，而帮助学生成功，让学生逐渐建立自信是每一位教师应尽的职责。因此，在和谐的课堂教学中，教师应当关注全体学生，不断调整组织策略，善于捕捉学生的思维火花，适时地启发和引导学生参与教学过程，引导学生之间互动交流，根据个性及基础的差异，给予学生必要的帮助和鼓励，让学生敢于表达、展示、质疑及挑战，让其思维在交流中碰撞，认识在碰撞中升华，让所有学生在参与教学活动的过程中都学有所获，不断地获得成功的体验与喜悦。而这份成功的体验与喜悦正是学生日后主动进取的强大动力。（策略12）

4. 从评价激励出发——让学生在竞争中学会合作与交流

教师在教学中可能遇到过这样的情况：由于这堂课的理论性太强，学生难以理解；或由于题目难度太大，学生难以解答，这时无论教师如何引导和启发，学生的参与热情都不高，课堂气氛沉闷。那么，如何引导学生积极参与呢？

通过课题研究我们发现，对于学生来说，良好的评价制度既是鞭策，也是激励。我们可以采用小组合作的教学模式，并在课堂中设置合作和竞争评价机制来解决这个问题（详细情况请参见第三章《"自主互助学习法"在中学教学中的应用》一文）。首先，将班级的学生按4人一组的形式进行分组，注意组内异质、组间同质，以求组间均衡、组内互补。在组内给学生排号，根据成绩和课堂表现将学生排为1、2、3、4号，根据课堂表现进行加减分，并每周对分数进行统计，根据小组平均分进行排名，对排名靠前和靠后的小组实行相应的奖惩。例如，在面对滑轮组效率综合计算题时，以往有部分学生因为题目太难直接放弃思考，等待教师给答案。但现在我们引入小组合作竞争机制，在布置完大家阅读题目时，提出8分钟后由每组的3号或者4号来讲解，且先完成的小组举手取得向全班讲解的机会，给予加分；而回答不出来的小组，给予扣分。接下来发生的学生课堂行为是让人感动的，看见3、4号的学生积极思考，不懂的及时向本组1、2号学生请教；同时1、2号学生自己弄懂后，也会主动去帮助3、4号学生，耐心地给他们分析情况，以便他们能够完成向全班同学讲解的任务。各小组成员间互帮互助、交流讨论，课堂氛围活跃，学生主动学习，积极发表自己的观点，课堂主体参与性非常好。（策略13）

（二）主体参与给我们的课堂，教师和学生变化可喜

1. 课堂上和谐平等民主的氛围越来越浓

课题研究和实践促进了教学过程中"以学生发展为本"的理念的落实。主体参与型课堂改革传统的教学方法、模式，把教学过程的重心由教转到学上来，由单纯传授知识转移到重视培养能力素养上来。在教学过程中，教师根据不同的教学内容，创造各种条件和形式，开展师生之间、生生之间的交流，努力在课堂上营造相互尊重、相互信任的氛围，学生的主体地位越来越明显。主体参与使课堂教学出现了许多新的变化：从时间分配来看，教师讲授的时间少了，学生自主学习探究的时间多了；从课堂教学活动的过程来看，师生之间、生生之间的合作多了，教师、学生单干的少了；从课后作业的形式来看，实践性的作业多了，书面作业少了。

2. 促进了教师的专业化发展

参与课题研究的教师在教学实验中不断应用新理念，探索新方法，积累新经验，其教学观、学生观、师生观、质量观得到了初步转变，教育理论修养、教育科研能力得到了明显提高，他们在专家的指导下，掌握了教育科研的一般方法。开展课题研究一年来，教师撰写了相关论文13篇，其中有1篇发表在省级刊物《广东教学》上、有2篇在区级刊物上作为内部交流资料印发了；优秀教学案例6个；在各级各类竞赛中荣获市级一等奖4人次、三等奖2人次；区级二等奖4人次。教师的教学能力普遍有明显的提高，如徐磊老师还被评为深圳市"青年

教师标兵"，王心灵老师被评为深圳市"优秀教练员"。

3. 促进了学生综合素养的提升

主体参与型课堂为学生营造了友好、合作的学习氛围，这种氛围能激发学生学习物理的内在兴趣与动力，学生学习的积极性、主动性和自信心有了明显提高，潜能得到了一定程度的开发。许多学生都养成了"先预习后听课、先思考后质疑、先理解后记忆、先复习后练习"等良好的学习习惯，自主学习能力、阅读理解能力、口头表达能力、网上收集资料能力和合作交流能力得到了较大的发展，综合素养明显提升，对应班级学生成绩有一定的提高。在各级各类竞赛中荣获市级三等奖1人次、区一等奖8人次、二等奖13人次、三等奖27人次。

八、思考与展望

通过本课题研究，我们深感教科研的艰辛，也认识到自身存在的问题。

（1）我们觉得在研究过程中教师的理论水平有待进一步提高。由于掌握的理论知识不够全面，造成在实际应用时有所欠缺。因此，教师必须加强理论学习，以提高理论修养。

（2）在研究过程中教师之间的配合有待进一步磨合。参与本课题研究的教师较多且分别来自不同的单位，教师之间在认识上的差异及在教学深度与广度上把握不同，造成了具体方法在实施过程中的难度，日后研究中应加强沟通、达成共识，以便更好地推进工作。

（3）我们觉得在研究的过程中还存在方式、方法上的不足，在以后的研究过程中我们必须加强沟通与交流，只有这样才能让我们的研究具有连续性和延伸性，也只有这样才能让更多的年轻教师成长起来。

（4）对学生的评价有待进一步优化。教育作为一种长期行为，不可能在短期内看到较大的成效，个性潜能的挖掘培养更需要时间来检验，所以我们认为现时的一些评价手段也无法对此进行定量的考核。如何开展更为有效的评价，应是我们进一步研究的范畴。

综上所述，我们课题组将在以后的教学中继续对相关问题进行更深入的研究，对目前的研究成果加以完善、总结，让感性认识上升到理性认识，形成更好的经验并加强推广，更好地帮助和指导教师今后的教学工作。

（备注：不同的组织单位结题报告的格式略有不同，但大同小异。）

第六章

情绪调控与身心修养

　　现代人正承受着越来越多的紧张与压力，身心疾患正在严重影响着我们的生活。一个人的身心健康是一个人快乐工作、幸福生活的前提与基础。调查研究表明，我国中小学教师的身心健康状况令人担忧，无论是生理（身体）上还是心理（精神）上的健康状况都远不如其他行业的同龄人。影响教师身心健康的因素可以归结为外因和内因。不同的因素，解决问题的途径与方式不同。有些客观现实的外因，我们可以协商解决但永远不可能强求解决；另外，有些社会客观的外因由于实际条件等限制，一时无法解决或个人无法解决。其实，辩证唯物主义告诉我们，决定事物发展的因素中，起关键作用的主要是内因，外因只能起推动作用。对于内因，我们可以通过自主学习来提升认知、提高技能或调整方法而寻求突破。所以，解铃还须系铃人，教师身心健康问题的解决最关键还要靠教师自己。

　　教师身心健康具有重要意义，其价值超越了学科知识和教学方法本身。那么，如何才能让教师自我调节好身心状态，从而享受因卓越工作带来的尊严与快乐呢？其实，影响我们身心健康的最大敌人就是我们自己！只有战胜了自我，我们才会活得更健康、快乐、自在。

一个人真正的强大，来自内心的觉醒。本章通过4篇文章分别从不同侧面阐述了一个追求幸福的教师在情绪调控、身心修炼、工作与生活态度等方面应有的认知和可以践行的方法，希望能唤醒一个人沉睡的内心。其中，《情绪自我调控的方法》一文是我在当班主任时，为了给学生进行情绪心理方面的疏导而撰写的，在班会课（或年级会议）上给学生举办讲座，效果良好。当然，这些情绪调控的方法也同样适用于我们教师及其他人。《教师身心健康状况和实用减压的方法》和《身心修炼的方法》两篇文章是我开设的深圳市教师继续教育课程——教师的身心调节与工作成效中的部分内容，给教师授课后，能让教师在掌握身心修炼基本方法的同时提升认知、增加正能量、增强自信心、提高工作成效，从而更加热爱本职工作和生活；《做一个幸福且快乐的老师》一文是我在河源市东源县挂职支教时，给东源县多个学校教师开设讲座的讲话稿，通过分享，希望教师改变固有的认知，走出困扰自己已久的困惑，了解自我提升的方法与途径，从而为教师高效、幸福且快乐地工作奠定基础。

情绪自我调控的方法

在生活中我们每个人都会有高兴、喜悦的时候，当然也会有迷茫、困惑的时候。这就需要自我调控情绪。在遭遇挫折、被人误解的时候，应该如何来调控自己的情绪呢？这当然是一个较为复杂的问题，本文仅从两个角度来谈谈我的一些观点和做法，这些做法在我教育实践的过程中，经检验，效果良好。

一、认识痛苦与快乐的缘由

卡耐基曾说过："决定我们幸福与不幸，快乐与否的不是我们是谁，我们在什么地方，我们有什么，我们正在做什么，而是我们怎么想。"的确，皇帝至高无上，拥有一切，可为什么皇帝也有自己的烦恼？乞丐一无所有，衣食住行都成问题，可为什么乞丐也有自己的快乐？君不见，顺治皇帝厌倦尘世，削发为僧；光绪皇帝郁郁寡欢，英年早逝；而北丐洪七公却逍遥神游于青山绿水之间，快活似神仙。

扰乱你精神和情绪的不是发生的生活事件本身，而是你对事件的评价与看法。幸福与痛苦其实就在一念之间，幸福与否取决于你对自己的要求与看法！快乐由你自己决定，只要你愿意，你随时都可以保持快乐；只要你愿意，你完全可以永远感到快乐！只要你愿意，你想多快乐，就有多快乐。

只有你才能使自己快乐起来。

二、情绪调控的基本方法

1. 拥有一颗宽容豁达的心

人与人的交往中，难免会出现矛盾：遭亲人误解、挨老师批评、被上司指责、遭他人讥讽等。那么我们究竟该如何正确面对这些，使自己走出情绪的低谷呢？

显然，指责、怨恨是非常不可取的，它比生病还糟糕。怨恨是精神的烈性毒药，它使快乐不能产生，并且使成功的力量逐渐消耗殆尽，最后形成恶性循环。

愤怒大概是所有情绪中最具自我摧毁力量的情绪。愤怒，也会造成严重的压力。一旦愤怒无法控制，你就得小心！愤怒的伤害力不可忽视，它可能会让人丢掉饭碗，造成人际关系紧张、个人伤害、钱财损失等严重后果。

在现代社会中，学会处理愤怒是最基本的处世之道。如果你无法预防或控制愤怒，那么任何的坏事都有可能降临在你身上。预防愤怒、控制愤怒，不只重要，更具有绝对的必要性，是现代社会最基本的处世要诀。

那么如何才能有效地预防愤怒和控制愤怒呢？预防愤怒和控制愤怒最有效的方法是我们拥有一颗宽容豁达的心。其实宽容别人，也是宽容你自己；体谅别人，也是体谅你自己。有矛盾时，勿斤斤计较、勿小题大做，要大事化小，小事化了。记住，忍一时风平浪静，退一步海阔天空；各相责，天翻地覆，各自责，天清地宁！

当遭遇挫折时，应"多改变自己，少埋怨他人"，因为埋怨环境不好，常常是我们自己不好；埋怨别人太狭隘，常常是我们自己不豁达；埋怨天气太恶劣，常常是我们抵抗力太弱；埋怨学生难教育，常常是我们自己方法太少。人不能要求环境适应自己，只能自己去适应环境。只有先适应环境，才能改变环境。比较有效、比较实际的做法还是先从改变自己做起。用七分力量去埋怨、指责环境，可能一丝一毫也不见效果，有时甚至会适得其反，助长他人的愚昧和自己的野蛮。但只要省下七分力气中的一分用来改变自己，就能使自己发生变化！

其实，你先露出笑脸，必将迎来灿烂笑容；给别人一缕阳光，你将拥有整个蓝天！

让我们以下面的话共勉：

我宽恕一切的人，无论你过去怎样伤害过我，我都愿意尽释前嫌，以毫无保留的宽容来原谅你。我不会再受到消极负面情绪的影响，决心从内心的牢笼中走出来。内心曾经因你而有的伤痛，将随着对你的全心宽恕而消失。

2. 用积极迎接挫折

没有一个人是彻底一帆风顺地走过来的，我们也常常被许多不利因素所阻挠，甚至彻底失败、面临困境、万般无奈、极度困惑、无比忧伤，这时我们该如何面对呢？

在某中学任教时，尽管我几个月都靠打针、吃药、输液撑着，但作为代课教师的我，身心的病痛不敢让领导、同事知道，却仍早晚拖着病患之躯坚持繁重的毕业班工作，心里还要承受"若调不进来，将失去正式工作"的压力！这时我写下"无论夜是如何漆黑，反正还有下一个黎明"这句话贴在墙上，每天不断地勉励自己"很快就会好起来的"！在坚忍顽强的信念支撑下，我用积极的行为去面对挫折，从而获得了教学和工作调动的双成功。

其实，任何事情都是"心态决定一切"，积极的心态是使我们的大脑做成功预备的先决条件。实际上，从我们现在的思维模式便能预测我们将来能否成功。我们把自己想象成什么样子，就真的会成为什么样子。

我们不应被眼前的困难挫折所击倒。我们应该以昂扬、乐观的进取态度来看待生活，在哪里跌倒就从哪里爬起来，将目标看得远一些，放眼未来，我们才不会被暂时的困难所击倒。正所谓："望远，方觉浪小；凌空，乃知波平。"

深陷困境仍认为世事随时会有转机，这就是真正的积极心态。当我们面对难题时，如果我们能拨云见日，并能乐观以待，事情最终将如我们所愿。因为好运总是站在积极者一边。一个心态积极者心中常能存有光明的远景，即使身陷困境，也能以愉悦、创造性的态度走出困境，迎接光明。

积极心态要求我们从生活中的一时一事中学会积极的思想。积极的思想是一种思维模式，它使我们在面对恶劣的情形时仍能寻找最好的、最有利的结果。换句话说，在追求某种目标时，即使举步维艰，仍有所指望。事实也证明，当我们往好的一面看时，我们便有可能获得成功。积极思想是一种深思熟虑的过程，也是一种主观的选择。

只要我们拥有积极的心态，则每个人都有成功的可能。即便诸事不顺，也不轻言放弃并认为自己与成功无缘。哪怕在最恶劣的情况下仍然会有出路，有隐藏的秘诀，它们能使我们从失败转向成功，由绝望转向快乐。"沙漠尽头有绿洲""只要你将脸迎向阳光，那就不会看到黑暗"这两句话正是一个人积极心态的写照。

3. 注重利导思维

任何事再好也有它坏的一面，任何事再坏也有它好的一面。利导思维就是把事情发生的结果向对自己有利的方向解释。例如，一位中年妇女有两个女儿，小女儿是卖草鞋的，大女儿是卖伞的，她不论晴天还是雨天，总是闷闷不乐。因为下雨的时候，她就担心小女儿的草鞋一双也卖不出去；每当天晴的时候，她又担心大女儿的伞一把也卖不出去。后来，一位朋友问她为什么不开心。她就讲出了她的担心。那位朋友听过后，不禁大笑起来，说道："原来如此，真是值得庆贺。"那位妇女不解地问："为何值得庆贺呢？"那位朋友解释道："你想一想，每当天晴的时候，你小女儿的草鞋很快就能卖掉了，而当下雨的时候，你大女儿的伞也很快就能卖掉了。不论天晴还是下雨你家的生意都会很好，难道不值得庆贺吗？""有道理。"那位妇女笑着答道。从此以后，她每天都很开心。

又如，你买了些水果放在办公室，准备下班后带回家与家人分享。你的同事在你不在时吃了一半，你回来发现了会怎么样呢？你可能会想"真是讨厌"。要是这样想那你就错了，因为这样你不但损失了水果，还损失了好的心情。其实，你可以用利导思维想："这家伙还不错，还给我留了一半。"这时，你虽然损失了一半水果，但是你的心情会很好，你的体内会因为你的心情好而产生快乐物质，会有利于你的情绪，也有利于你的健康。

负面思考是焦虑的根源，负面的信息在人一生中都会引发焦虑，因此我们必须以更正面、更实际的思想取代这些负面思想。因为一个人的表现是他在特定心情状态下的反应。好的心情会有好的表现，坏的心情会有坏的表现。在人生的旅途上，我们应该保持乐观的态度来看待问题，而身处逆境时，我们更应坚持利导思维原则，使自己总有一个好心情。

例如，老师表扬我——鼓励我；老师批评我——教育我；

父母不让我做家务——让我更专心地学习；父母要我做家务——多给我锻炼的机会；

这次没考好——提醒我要更加努力地学习；这次考好了——下次就可以考得更好；

家里富裕——父母给我创造更好的发展条件；家里穷——激发我更加奋发向上！

当事情发生时，多采用利导思维，你就会拥有好心情；在逆境中，把它往好处想，你就会有好结果。

4. 建立正面自省的习惯

"习惯即命运"这句话一点儿也没错。好的习惯使一个人有好的未来，而坏的习惯将使一个人有坏的未来。人有各种各样的习惯，"思想是行为的先导"，经常反省，冷静思考，方能使我们的行为在任何时候都较为理性、明智且高效！这里我仅从以下三个方面谈谈一个人自省习惯的改变。

（1）当事情发生时，不要只问为什么（why），而要更多地问如何（how），因为当你问为什么时，你就把注意力放在了失败的原因上，你就停留在了过去，而你的问题并没有得到解决；而当你问如何时，你就把注意力放在了成功的可能性、成功的途径和方法上，你就把目光放在了未来，你就会引导自己逐步地解决问题，逐步地走向成功。

不要总问我为什么倒霉，而要多问我如何才能更好；

不要总问我为什么不懂，而要多问我如何才能弄懂；

不要问他们为什么不喜欢我，而要问我如何才能让他们喜欢我；

不要问为什么孩子不听话，而要问如何才能让孩子听话；

不要问我为什么身体这么差，而要问我如何才能使身体更强健；

不要总问我为什么现在还没成功，而要问我如何才能取得成功。

……

（2）当我们遇到挫折和困难时，请问自己：我最近一次遇到的挫折与困难是什么？然后再问自己以下问题：

从中我学到了什么？

我哪里还可以做得更好？

现在我还有什么方面不够完美？

我怎样用最短的时间，采取最大的行动得到我想要的结果？

（3）为了使自己能健康快乐成长，为了使自己不断进步，我们要坚持每天正面自省。

每天晚上睡觉前问自己：

我今天做对了哪件事？（自我反思）

我今天还有哪件事可以做得更好？（积极向上）

今天有哪件事让我感到快乐？（正向思维）

今天有哪个人对我有帮助？（感恩心态）

每天早晨起床后问自己：

我今天有哪三件事最为重要？（把握方向）

我今天有哪三件事会做得更好？（追求卓越）

很多时候，我们的行为因为我们缺乏深思而显得如此稚嫩；多少年来，我们的成长因为我们的漫不经心而如此飘零！积极的心态使人获得成功，而消极的心态让人变得平庸。立即改变我们消极的心态！立即改变我们不良的行为！让我们在挫折面前冷静反思，每天早晚不断地自省，我们就能把握正确的方向、分辨重要的东西，提升自身的素养、建立良好的信心，拥有快乐的心情、树立健康的心态……心灵的健康是一切事业成功的前提，愿快乐和健康永远伴随你！

（备注：本文是我在担任班主任时，为了给学生进行情绪心理方面的疏导而撰写的。当然，这些情绪调控的方法也同样适用于我们教师及其他人。）

教师身心健康状况和实用的减压方法

现代人正在承受着越来越多的紧张与压力，身心疾患正在严重影响着我们的生活。而教师群体中处于亚健康状态的比例又远高于其他群体，很多教师感觉健康出了问题，却不知道问题的症结在哪里；很多教师常被压力、焦虑困扰，却不知如何去预防、处理。因此，掌握锻炼身体的方法、学会自我减压的技巧是一个注重生活品质的现代人必备的技能。

一、教师身心健康状况

教师在从事繁重工作的同时，还承担着沉重的工作压力，由此带来的身心健康隐患是多方面的，相当多的教师处于亚健康状态。

在心理上，据WHO（世界卫生组织）估计，世界上20%～30%的人有不同程度的行为异常。而我国一个进行中小学生心理健康教育研究的课题组2000年发布的调查结果显示，有51.23%的教师存在心理问题。其中，有32.18%的教师存在轻度心理障碍，有16.56%的教师存在中度心理障碍，有2.49%的教师已经有心理疾病。

在生理上，《曙光男报》的记者从北京某医院健康体检中心了解到，该医院于2004年6月—2005年6月为新东方、北京师范大学附属中学等17所学校共7000名教师做了健康体检，结果显示仅有42人体检结果正常，占总人数的0.6%。这7000名教师中男性2456人，女性4544人，年龄为20～60岁。在繁重辛劳的工作中能保持身心健康的教师为数不多，长期站立授课、伏案批改作业等工作使咽喉炎、颈肩腰椎病、静脉曲张等成了教师的常见病。目前，多数教师患有不同程度的职业病，带病工作似乎已经成了教师职业的特征。

二、影响教师身心健康的主要因素

教师为什么会感觉压力很大？为什么部分教师会出现身心健康问题？由中国人民大学公共管理学院组织与人力资源研究所和新浪教育频道联合举办的"2005年中国教师职业压力和心理健康调查"结果显示，造成中小学教师负担过重、压力过大的原因见下表。

中国教师压力的缘由

压力源	重要程度
所做工作得不到客观、公平的评价与回报	▲▲▲▲▲
规章、制度与要求不合理	▲▲▲▲▲
过多僵化的考核与评比	▲▲▲▲▲
工作得不到领导的理解与支持	▲▲▲▲
被动地适应单位各种改革	▲▲▲▲
负担过重	▲▲▲▲
工作缺乏成就感	▲▲▲▲
学校与家长过分关注学生的分数	▲▲▲▲
社会地位不高	▲▲▲
经济负担	▲▲▲

（来源：新浪教育频道）

调查结果表明，造成中国教师生存状况不佳的主要原因可以划分为薪酬与回报（包括工作得不到客观、公正的回报，工作缺乏成就感，经济负担重）、管理制度与体系（包括规章、制度与要求存在很多不合理的地方，被动地适应单位各种改革；工作得不到领导的理解与支持）、绩效管理（包括过多僵化的考核与评比、负担过重）、社会环境（包括社会地位不高，学校与家长过分关注学生的分数）。

1. 工作量过大

编制过紧导致工作量过大。调查发现，有60%的教师认为工作量太大，在所有问题中居于首位；有64%的教师把放假放在发奖金、受到领导表扬等因素之前，认为是生活中最开心的事情。教师的工作量除正常的教学工作（如备课、上课、批改大量的学生作业）外，还承担了许多繁杂的非教学任务，如维持纪律、管理学生值日、卫生、上操等。调查还发现，工作负担较重的教师群体，如班主任、主科教师及毕业班教师等心理问题多、职业压力大。

2. 社会对教师的期望过高

国家和社会期望教师充当知识的传播者、集体的领导者、模范公民等角色；家长和学生期望教师是知识博大精深、无所不知、无所不晓的学者型、教授型人才；而学校总是期望教师是出色的纪律维护者，业绩突出的教育者，遵纪守法、指哪儿打哪儿的好员工。社会、家长和学校对教师的要求过高，造成了教师过重的心理压力和精神负担。而教师毕竟是一个个普普通通、有血有肉的现实中的人，不可能同时达到众多的期望值，这迫使教师常常不得不掩饰或压制自己的负面情绪，以免给社会、学校和学生造成负面影响。长此以往，日积月累，很容易让教师背上沉重的心理包袱，甚至产生情绪障碍和疾病。

3. 职业竞争方面

一方面，有些学校实行末位淘汰制，使相当一部分教师处于危机与焦虑之中，战战兢兢，生怕出错而下岗；另一方面，有些学校实施的"扶持一小撮，打击一大片"制度，使得教师之间产生了恶性竞争，产生了不应有的内耗，耗费了教师的精气神，恶化了人际关系。

4. 升学压力

调查中发现，有33%的教师认为升学压力是教师最大的心病；有24%的教师认为学生考试成绩不理想是生活中最大的挫折；有47%的教师认为学生考试成绩优秀是生活中最开心的事情。这些数据不但说明了升学压力是教师产生心理健康问题的一个重要原因，而且说明升学压力还加剧了同事之间的竞争……但学校关心的却是教师的教学成绩和升学率，很少或没有考虑教师的身心健康状况是否能够可持续地工作。

5. 经济状况

调查发现，有50%的教师经济收入有点低，特别是未婚的、年龄低于40岁的、教小学初中的教师，男教师经济状况更不如意。男教师、年轻教师、班主任等对经济收入都相对不满意一些。一些教师认为收入与其劳动付出不相符。

6. 领导的评价

在调查中发现，领导的不公正评价是许多教师职业生活中的重大挫折。评价语言过激可能会伤害教师的自尊心。无视教师反映的问题会使教师感觉不被重视。因此，如何评价教师，如何评价教师的工作成绩，是值得每一位学校领导研究的问题。

7. 职称

教师评职称受阻是引起教师心理健康问题的又一原因。虽然目前的中小学教师职称与工资直接挂钩，但引起教师心理挫折的不是经济原因，而是自尊心受到打击。

8. 人际关系

教师在学校是多重角色的扮演者，他必须与学生、其他教师、学校管理者及学生家长等建立良好的人际关系。有些教师性格内向孤僻、沉郁压抑、急躁冲动、固执偏激、不善人际交往、自卑等，这些都不利于教师心理健康。教师一旦处理不好这些关系，往往容易产生人际交往问题。

9. 家庭生活与休闲

教师要有一个完美、幸福的人生，一个幸福的家庭是必不可少的。而自得其乐的休闲生活更是他们幸福生活的调节剂。但现状却表明，不少教师因为不能处理好家庭与事业的关系，不懂得让自己的家庭生活轻松化，导致家庭问题产生，影响了对工作的专注与投入。

三、教师心理调适和实用的减压方法

教师的工作辛苦复杂，职业压力大，出现抑郁也较为正常，但只要及时调节，就不会发展到太严重的程度。那么该如何调节呢？俗话说："解铃还须系铃人。"心理问题的解决最关键还要靠自己。教师应该学会宣泄自己的不良情绪，学会调整自己的心态，学会调整自己的行为举止，学会缓解自己的压力。

（一）常规心理调适减压法

1. 全身心地融入角色

对于教师来说，要想拥有良好的心情，享受教师职业幸福，首先一定要接受自己是教师的事实，即心理学常说的进入角色。只有这样，我们才不会把教学工作看作一种枯燥的、简单的谋生手段，而会无怨无悔地、全身心地投入自己的工作，享受教学、享受课堂，营造出一个充满生命活力的课堂，主动关心学生、呵护学生、尊重学生，和学生一起痛苦、一起欢乐，分享学生成功与成长的喜悦。在我们创造性地、高质量地完成各项任务的同时，我们心里自然会产生价值感、快乐感与自豪感。在我们忙着做一件又一件实事的时候，没有时间烦恼焦虑，我们便自然远离了杞人忧天、庸人自扰的状态，享受着教育教学过程中的快乐。

2. 提高自己的抗挫折能力，乐观直面人生

我们经常觉得非常疲劳，事实上大部分时候我们的疲劳并不是因为工作过量，而是因为忧虑、紧张或不快的情绪。过度焦虑、紧张的情绪往往于事无补，反而会雪上加霜。这就要求教师不断地提高自身的心理承受能力，在遇到突如其来的打击时，处变不惊、从容应对；在遭遇意想不到的灾难时（如生了病），平和心态、积极面对；在被人误解时，胸怀坦荡、大度宽容。

我们要培养自己欢畅的心境，养成快乐的习惯，工作才会成为持续不断的盛筵。满怀激情地投入工作，微笑着去迎接每一件意外的事情：当学生出现问题时，在内心叫一声"太好了"，又有一次教育的机会；当面对挫折时，对自己说一声"太好了"，锻炼自己、检验自己、展示自己的机会到了……凡事都给自己打打气，千万不要认为这是很肤浅的事，心理暗示是一个人人生旅途中的"加油站"，为我们提供了源源不断的动力。

3. 扩大交际圈，构建和谐的人际关系，合理宣泄压抑的情绪

认知心理学家认为，抑郁的念头是与抑郁的情感紧密相连的。抑郁往往是由某种情绪、情感被压抑而引起的，孤独常常是抑郁症的早期症状。工作问题、家庭问题常常是引起教师心理压力的两大根源。教师应扩大自己的交际圈，构建和谐的人际关系：教师不仅要善于与学生分享知识和经验，还要善于与同事、朋友、学生家长交流情感与智慧，教师更应善于在与家人的沟通中获得理解与支持……

教师要有意识地多参加各种社会活动，尽量多交几个朋友并经常来往，当自己面对挫折、承受压力时，找亲朋好友合理宣泄，将有助于抑郁的消除，这样治疗抑郁的效果常常胜过药物。现实生活中的"无损"发泄方式很多：除了可以把自己的烦恼向值得信赖的朋友倾诉外，还可以给远方的父母写写信或者打个电话，或给自己的好友发条短信，也可以写日记，等等。宣泄倾诉的过程，就是释放压力、消除抑郁的过程。

4. 认知调节，换个角度看问题

英语里有句谚语："不要为打翻的牛奶哭泣。"生活中，谁都会遇到令人不愉快的事情，如"为什么我总评不上高级职称""为什么我带的班级没能评上'文明班级'""为什么我全力以赴地工作却得不到领导的赏识""为什么自己没被评上先进"等，很多时候怨恨是无济于事的，与其让这些无可挽回的事实破坏我们的情绪，毁坏我们的生活，还不如对这些事情坦然接受，并加以适应。有位诗人说得好："忧愁的眼睛到处看见凄凉，欢笑的眼睛到处看见光明。当背向太阳的时候，只能看到自己的影子，这时不妨试试转过身来，面向太阳，便会看到一个金光灿烂的世界。"

教师要运用各种理性的应对策略及心理防御机制加以调节，及时转移、摆脱不良情绪，保持自己的心理平衡；要多从积极的方面去思考，选择自己心情愉快的角度去处理问题。我们已经失去了很多，只要不再失去教训就行了。当我们一肩挑着痛苦的时候，千万不要忘了，还有另一肩挑着快乐。我们可以专注快乐，而忽略那些痛苦，这样我们就可以轻松地生活了。通过理性的心理调节、换位思考，可以改变个体不良的认知，达到改变抑郁症状的目的。

5. 为每天要做的事建立优先顺序

建立事情的优先顺序是非常重要的。因为每一个选择，除了表面的成果，更有背后的代价。每天早上花一点时间，安静地排列出当天要完成的事情。更重要的是，列出优先顺序！因为不是每件事都一定可以在今天完成。假使优先顺序排错，这一天肯定会不好过。

承受最多压力的人往往是因为不知道如何排定生活目标，或者是把日常琐事优先排序的人。这种人不分轻重缓急，把每件事都看得同等重要，这样的做法当然会产生压力：来自超时工作的压力，来自人际关系破裂的压力，来自工作绩效不良的压力。

最好能在家里开辟出一块能彻底不受打扰的地方，每天去那里待上一刻钟，在这段时间里，除了为要做的事排出优先顺序外，就只想积极的、让自己开心的事情，这种短时间的充电对一个人的情绪管理会大有帮助。

6. 做自己喜欢的事，适时转移情趣

做你感兴趣的事，这是一个十分有效的减压手段，你的身心会在兴趣中得到充分的放松。因为自己爱好的事情一般都是做得不错的，往往都是自己的长

处。当把精力放在自己爱好的事情上时，你会忘掉一天的烦恼，进入享乐的状态，并由此获得自信。

生活中常有一些猝不及防的烦恼事，如与好友偶然产生矛盾，工作突然遇到挫折，等等，明知烦恼不对，可又快乐不起来，心被烦乱缠绕，怎么解脱？快速有效排解郁闷的办法是挑一件自己平时感兴趣的事做。你爱美术，此刻就画画；你爱书法，此刻就练字；你爱看书，就挑一本最感兴趣的书看；你爱打拳，就去打拳；你爱下棋，就去下棋。

当然，也可以听听音乐唱唱歌。可唱凄苦的歌，也可唱欢乐的歌。几支凄苦的歌，全心全意地唱过之后，胸中的苦闷往往也随之排遣出去。再唱几支欢乐的歌，唱的时候要努力做到全身心都沉浸在歌词描绘的情境里，大脑荧光屏上放映歌词中的丛林、鲜花、奔马、海浪、阳光、山谷等，这样很容易使人重新快乐起来。

这样，做过一件或几件感兴趣的事之后，负责烦恼的脑细胞失去了工作机会，不知不觉处于抑制状态，而快乐与自信的心境又会重回我们身边。

7. 坚持体育运动

心理影响生理，而生理同样也会影响心理。身体疲劳和生理疾病对心理状态的影响是客观存在的。美国加州一个科研小组在对1800名男女跟踪观察长达18年之后发现，不运动者患抑郁症的风险大大高于体育锻炼者。这是因为人的忧郁、烦恼等不良情绪通常发自大脑左半球，而产生愉悦情绪的区域在大脑右半球。体育活动可通过大脑左右半球的活动转换，来排忧生乐、振奋精神。

科学已经证实：运动除了有助于消耗体内的脂肪、血糖和胆固醇等，更能加快血液循环，以带走体内的废物与毒素。此外，运动还能刺激脑内吗啡制造，让你心情好、更乐观，增强你处理生理与情绪压力的能力。

教师在日常工作和生活中要注意锻炼身体，保持身体健康。每天至少进行一种体育活动，如打羽毛球、打篮球、爬山、游泳、跳绳等，时间约1小时。适度的体育运动或娱乐活动可以分散自己对焦虑问题的注意力，松弛自己的神经，释放工作中的不快情绪，提高工作效率。

8. 正确定位，客观地看待自己

俗话说："心病还须心药医。"要想心理健康，还得从"心"开始。正确的自我认识是心理健康的基础。心理学研究发现，尽管许多人认为对自己是了解的，但事实上我们并没有很好地了解自己。

有时我们对自己估计过低，过于自卑。人无完人，每个人都难免存在一些不足和不完美的地方，如容颜、身材、才能及财产等。自我接纳，就是既能承认自己的长处，又能直面自己的短处。许多人出现心理问题或心理障碍，其关键就在于他们"自我接纳度"不高，他们总认为真实的"我"不完美，因而排斥自我、憎恶自我。一个缺乏一定程度的自我接受的人，绝不可能有真正的成功与幸福。

有时我们对自己估计过高，过于自信，过分夸大自我形象，认为自己是最完美的，结果无视一切，有恃无恐。理想与现实的落差使我们在实际生活中到处碰壁，因而造成更深的自我伤害。

我们要学会从多方面、多途径来了解自己，要学会从周围的世界中提取有关自我的真实反馈，避免由于自己的主观理解带来的误差。对自身要有准确客观的自我定位，以平常心对待自己的工作、人和事。我们只有正视现实自我，不断进取，不断提高自身综合素质，才能适应教育体制改革与现代社会的竞争，也才能真正拥有心理上的安全感与幸福感。

（二）高效减压法（身心修炼的方法）

（1）放松功。

（2）冥想。

（3）瑜伽。

（4）气功。

以上四种方法必须经过一定时间的学习才能掌握，而且一旦学会了，若能持之以恒地坚持修炼，那么，无论是身体（生理）方面，还是精神（心理）方面，都将呈现一个由表及里的全面变化，使自己对自己的健康充满信心，从而迎来一个更美好的未来。

（备注：这四种方法篇幅较长，将在后面一文《身心修炼方法》中详细介绍。）

很多人以为压力与焦虑是不可逾越的、自身无法克服的。其实，心理学是研究人的行为及其规律的科学，我们若是了解了自己的心理规律，掌握了控制自己行为的方法，那许多心理问题都会迎刃而解。

阻碍我们成功的最大敌人其实是我们自己！只有战胜了自我，才有可能取得成功。要想战胜压力、改善身心，达到心理健康并不困难，只要我们科学地认识压力、调整心态、加强修炼，我们就会活得更健康、快乐、自在。

（备注：本文是作者开发的深圳市中小学教师继续教育课程教师的身心调节与工作成效中的部分内容。）

身心修炼的方法

　　身心修炼，这里指通过一定的方法炼身修心，使身体更加强健、心理更加协调（身心更为健康和谐）的过程。身心修炼的方法较多，但目前从自我调节的角度来看，效果比较好的方法有放松功、冥想、瑜伽和气功。

　　对于以上四种方法来说，它们看起来似乎不同，而且就其中某一种修炼方法来说，又可分为若干种不同的方法。但是，这四种方法当中有某一分支修炼方法的基本要求是一致的，即都要求放松和入静，而且，殊途同归，越是步入高境界，它们的相似度越高，即要求身心完全放松和高度入静，且放松和入静程度越高，修炼效果越好。鉴于以上原因，也希望在降低大家学习难度的同时，让练习者能够掌握其修炼的共同关键要领，并取得较为理想的养生效果，这里重点介绍放松功（放松是其他三种修炼方法的基础）和气功。对于冥想和瑜伽，仅提供一些基础参考资料，若要深入细化，请参阅相应的专业书籍。

一、放松功

　　说明：有一种放松方法是"用力收缩一个肌肉群→维持这样的状态→数到5秒→停止用力→让肌肉放松（配合呼气）"。按照一定的顺序针对不同的肌肉群，跟着上面的步骤做，一次放松一个肌肉群，叫作渐进式放松法。这种放松法现场应急放松效果比较好，心理学教师应用比较多。

　　本文的"放松功"与上述放松训练比较起来有以下特点：它不需要事先绷紧肌肉，而是直接进行放松状态；它着眼于宏观控制，不要求对个别肌肉逐一进行放松。

　　本文的"放松功"是学习高级功法前应该掌握的基本功。它通过有步骤、有节奏地放松身体各部位，并结合默念"松"字的方法，逐渐把全身调整到舒适、轻松、自然的状态。此功法有活络气血、协调内脏、疏通经络、降火排毒、增强体质和预防疾病的作用。例如，它对高血压、头痛、失眠、恐惧症、焦虑烦躁等疾患有较好的缓解效果。

（一）三线放松法

预备：不拘姿势，站、坐、卧均可。将身体分为两侧、前面、后面三条线，有步骤、有节奏地依次放松。舌抵上腭，双目微闭，含胸拔背，呼吸均匀，似笑非笑，松静自然。

1. 放松的路线

第一条线（两侧）：头部两侧→颈部两侧→肩部→上臂→肘关节→前臂→腕关节→两手→十指。

第二条线（前面）：面部→颈部→胸部→腹部→两大腿→膝关节→两小腿→两脚→十脚趾。

第三条线（后面）：后脑部→后颈部→背部→腰部→两大腿后面→两膝窝→两小腿后面→两脚→两脚底。

2. 放松的方法

先从第一条线开始放松，自上而下地进行。先注意一个部位，默念"松"字（不出声），再注意下一个部位，继续默念"松"字（不出声）。待放松完第一条线后，接着放松第二条线，再放松第三条线。这样环环相扣，依次放松第一、二、三条线的各个部位，共练习3～5个循环。

（二）分段放松法

分段放松法是指把全身分为头、颈、肩、臂、手、胸、背、腹、腰、臀、腿、足等若干段，自上而下进行分段放松。

（三）局部放松法

局部放松法是指在全身放松的基础上，单独放松身体的某一病变部位（如盆腔）或某一紧张点。

（四）整体放松法

设想自己处于浴室中，进行温度适宜的淋浴，水不断地从头顶缓缓流到足底，水到之处，依次放松，然后用意念静听冲到脚底的水流声，潺潺流入地下，由上而下，不断流淌。

以上四法可择其一，也可配合或交替进行，时间以10～30分钟为宜，收功应缓慢从容，先搓手、摩面、梳头，再徐徐睁眼即可。

二、冥想

别让愤怒、焦虑、恐惧占满你的脑海，专心冥想是一种缓解压力的过程。冥想最适合工作繁忙且正承受着巨大压力的现代人。试一试，给大脑做做按摩。它会让你的血压下降、脉搏降低、睡眠更安稳、血液中胆固醇也更低；它更会使你头清目明、思维敏捷、心情愉悦。

关于冥想的学问可以写上好几册书，而且进行冥想的方式也有很多种。不过，每种方式都有一些共同的基本原则。如果你很认真地想要试试看，可以找一位老师学习，你也可以自己学习如何冥想。只要遵循一些简单的基本原则，每个人都能开始冥想。

冥想的基本原则：

你应该先抽出一段时间，让自己完全独处，15分钟左右为宜——除非你已经非常熟悉进入冥想状态的过程。在这段时间内，身边所有的电话都要关掉。听力范围内也不要有收音机、电视声、喊叫声或其他大声响。清晨或夜晚都是不错的时机，找一个安静、没有人打扰的地方，像房间、森林里的空地，甚至在车子里也可以。对初学者来说，最好能有个隔离的房间，有些人刚开始时便使用家中的阁楼。

一旦你找到了冥想的诀窍，就几乎可以在任何地方进行冥想，只要你能空出10 ~ 20分钟的时间。

教授冥想的老师通常会要求学员采用放松的"莲花坐姿"（译注：类似佛教徒盘腿打坐的姿势）：坐在地上，背部放松，双手放在膝盖上，双脚板相对间隔约30厘米，或者，也有人是坐在柔软的椅子上。如果你是在森林里的空地上冥想，则以"莲花姿势"坐在地上或石头上。不论采取何种姿势，双手都应该放松，最好轻松地放在腿上。

老师通常会要求学员一遍又一遍地朗诵一些祷文。这些听起来不像文字、反而比较像声音的祷文会成为你专注的焦点。

不过，你也可以专注于一个感觉，或者幻想一幅美丽的景象，如山中平静无波的湖泊。在整个冥想过程中，你的眼睛应该一直闭着。

我们的世界充满了令人分神的事物，因此我们可以利用所谓的白色噪声

（white noisc，译注：自然噪声）来辅助冥想。白色噪声不是音乐，而是作为冥想的背景声音。一般在唱片行里都可以买到这些以海浪声、帆船声或林间风声为背景声音的冥想录音带。这些声音提供了冥想时的背景声音，可以帮助你放松。

当你能进行15分钟的冥想时，你会发现自己应付压力的能力已大有改变。

建议你每天安静地花20分钟时间在这件事上——约15分钟的冥想，让身心完全放松，再利用剩下的时间再次自我确认：我是谁？我要成为什么样的人？透过这段自我对话，确定自己拥有乐观积极的态度，而不再让愤怒、焦虑或恐惧占据你的脑海！

下面是冥想课程的部分内容，请参考：

当有片刻休憩之时，在确保安全的情况下，双眼微闭，面带微笑，似笑非笑，目视鼻尖，以鼻对口，以口问心，气沉丹田，浑身放松，大脑入静，能静则万念俱空；不能静则开始冥想，以一念压万念。可以冥想自己以前见过的印象最深的、曾经流连忘返的风景区，如桂林的大榕树、月亮山、漓江水……再细一些，置身于桂花丛中，桂花的叶，花瓣的色彩，花蕊的形状、气味……还可以冥想自己向海滨走，向茂密的森林走，向你想去的任何自然的美丽的地方走，让周围的景物环抱着你，你将自己完全浸入它的中心，与它融为一体，尽量去感受柔柔的阳光和树林中清新的空气……还可以冥想自己坐在晶莹剔透的莲花上，悠闲自得地云游于白云蓝天之间，你轻盈飘逸，仿佛化为一团气，与茫茫宇宙融为一体……

记住，你只是随着你的想象走，不管出现什么样的景象你都不要管它，只是体验它，此时你已经化为情景的一部分，没有任何事情，没有任何工作，没有压力，只有你和大自然，宁静的世界和你的内心。你可以任意选择保持这种宁静状态的时间，15～30分钟都可以。然后慢慢地让自己飘回来，慢慢地让想象中的景物消失，慢慢地进行，不要急着回来，再看一眼渐渐消失的景象，望着它们远去，随后缓缓地睁开眼睛，回到现实，这时你会感到你的头脑清醒了不少，身心也不那么沉重了。

三、瑜伽

数千年来，印度的哲人一直在探讨心理和身体之间的关系问题，在这种背景下，瑜伽术产生了，它最初是由印度哲学家创制并系统化的。瑜伽是一种运动健身的哲学和科学体系，有几个不同的分支，各分支以侧重内容不同而相互区别，各有各的规则，但大同小异。瑜伽的各个体系都围绕着这样一个核心思想，即认为通过运动身体和呼吸，完全可以控制心志和情感，保持身体长久健康。

19世纪90年代，在美国芝加哥的一次博览会上，一位名叫维夫卡南达的印度人展示了各种瑜伽姿势，引起西方世界的普遍关注和兴趣。随后许多印度人来到西方，并将瑜伽传入。现在瑜伽可以说已经风靡全球，各个国家、各个民族都有不少人在进行这种健身。

瑜伽适合各个年龄段和处于各种健康水平的人。练习的时候最好先从比较简单轻柔的动作开始，再进入难度较大的练习。瑜伽练习需要持之以恒，定期的瑜伽练习还可以配合其他健身方式一起进行，如健身操、舞蹈等，使之更加有趣，避免枯燥乏味。

练瑜伽有三个要点：一是呼吸，二是身体张力，三是意念。

1. 呼吸

生命离不开呼吸这一不断交替的运动，呼吸直接影响生命的活力。呼吸习惯和呼吸方式与人体的健康密切相关。呼吸方式与我们的感情和心态都有密切的关系，良好的呼吸方式可以改善我们的情绪。例如，在紧张的时候我们常会想到的一个控制情绪的办法，就是做几次深呼吸。呼吸平稳而有控制就不会感到焦躁不安。而如果呼吸急促，快慢不均，则会让心情更难以平静。所以，有意识地控制和改善呼吸就可以控制情绪的波动，起到健身的作用。瑜伽呼吸不同于一般呼吸，它的目的是充分把呼吸的效力发挥出来，在呼吸时强调增加肺活量，通过吸气扩张上腹部与胸腔，然后通过腹部肌肉运动更加彻底地排出空气。瑜伽呼吸还要注意延长，延长呼吸可以镇定人的情绪，集中思绪，达到一种内心的平衡。

2. 身体张力

身体张力是瑜伽练习的另一个要点。练瑜伽时要有意将身体摆成一个特定的姿势，并且将该姿势维持一段时间。维持某种姿势需要肌肉保持相当的张力，这时就会在放松和运动之间产生一种动态的平衡，有益于健康。平衡张力的好处很多：可以加强神经系统对身体的控制，提高柔韧性，增加能量，使全身处于最佳状态。这样体内的能量运行更加流畅自如，人也就更加充满活力。由于骨骼肌肉的动态平衡，神经系统在这种稳定状态下也就可以有效地消除躯体的过度紧张和疲劳。

3. 意念

瑜伽练习就是有机地将呼吸、躯体张力和意念结合在一起，从而达到身心的统一，起到缓解压力和健身的作用。

瑜伽练习的一个基本前提就是用冷静清醒的方式来集中和保持当前的注意力或意念，从而获得健康的意识状态。瑜伽通过运用特定的技巧来达到净化意念的目的，这种特定的方式就是冥想。冥想是对自我，或是对思想的本质，或是对高于自我的某种事物的思考和反省。冥想可以平静思绪，达到更高境界的自知和自制。冥想的方式有多种，你可以将注意力集中到一个事物、一个念头、一个字或一句话上。冥想并不强调你能够保持思想清晰或意念集中的时间有多长，而是强调培养反复转移注意力到某个特定目标上的能力。在做冥想练习时，意念的分散和游离是避免不了的，因为人的思想和意识总是流动的，情绪也总是波动的，不会完完全全地静止不动。这里的关键是，一旦发现自己走神了，意念分散了，就要靠意志力将意念转回到既定的目标上。随着你不断地学会控制你的思想和情绪的变化，你就会渐渐地发现，你完全可以控制你的意念。佛教在这方面很有研究，佛教徒精通冥想的艺术，通过有规律的定期练习，人们会觉得冥想越来越轻松和简单。

下面介绍几招简单的瑜伽形体训练方法：

（1）伸展练习。动作一：把手慢慢向上举，向外呼气，呼气的同时指尖向前伸，向下弯腰，尽量让双臂贴住地面，拉伸腰部肌肉。动作二：膝盖弯曲呈半蹲姿势，一侧手臂慢慢举起，另一只手贴在另一侧腰间，然后向一侧尽量伸出。接下来将身体往一侧转体弯下，头尽量贴住腿。动作三：向上伸直双臂，贴住双耳，尽量向后伸拉，做全身伸展。

（2）胸部练习。姿势一：双手放在尾椎骨的位置，打开胸，双手沿背部到胸前，指尖慢慢向前推，缓缓上拉，坚持一会儿再慢慢向下。一只手握住另一只手的腕部，拉伸胸部肌肉。两边轮流做，并保持姿势10秒钟。最后双臂还原后尽量向上伸展。姿势二：双臂伸开下沉，胸部贴近腿，手臂慢慢画圈，指尖尽量往远伸，模仿鸟飞翔的动作，这样拉伸胸部，让胸部的线条变得柔美。做完这个动作后双臂打开，气息在胸部回收，含胸向后，最后慢慢还原。

（3）腹部减肥动作。动作一：将膝盖屈曲蜷起，手平举放在身体右侧，同时双腿向左侧伸展，腹部向前推，停留一段时间后双侧轮流做。动作二：举起双手，腿伸直，向上抬起，脚尖与手指尽量接触上，然后勾住脚尖往下放，放到离地面45度的时候，将脚面绷直，屈膝，起身。注意：脚不要着地，调节气息，可以多做几个。可以达到减掉小肚腩的效果。

四、气功

（一）气功和气功锻炼的基本方法

什么是气功？中国高等中医院校气功教科书上关于气功的定义是这样的：气功是调身、调息、调心合为一体的身心锻炼技能。其中，调身是指调节肢体活动；调息是指调节呼吸运动，调心是指调节心理活动，三调合为一体的状态叫作气功状态。

首先这个定义说明了气功修炼包含三项操作内容，即三调，也就是调节肢体活动、呼吸运动和心理活动。其次，这个定义指出三调操作的目的是要合为一体。这一点非常重要，说明了三调操作所要达到的特定状态。再次，定义说明气功修炼包括了身心两个方面，其中调身是生理方面，调心是心理方面，调息介于身心之间。最后，定义指出气功是一种技能，强调了气功修炼的实践性、操作性，说明学练气功仅读书听讲不行，必须练习。整个定义说明了气功这一事物的基本性质和特征。

气功的流派很多，各流派又有许多不同的练功方法，其练法虽各有不同，但就功法的基本内容而言，不外乎调身、调息、调心三个方面，简称"三调"，也称气功的三要素。每一种功法都是三者的具体结合和运用。

1. 调身

调身就是根据一定的目的和要求，放松身体，摆成一定的姿势，即调练体势。姿势宜自然放松，舒适得体。不同的体势对机体有不同的影响，具有特定的健身作用。同时，适当的体势也是顺利进行呼吸和诱导精神放松入静的先决条件。气功界有所谓"形不正则气不顺，气不顺则意不宁，意不宁则气散乱"之说，可见姿势在练功中的重要性。调身的原则是既要松静自然，又忌放任怠惰。在无特殊要求的功法里，一般手的十指相近，两腿相盘，最利于练功。

气功的体势分为行式、站式、坐式、卧式四类。其中，行式、站式使很多肌肉群，尤其是身体下半部处于相对紧张状态，对强壮筋骨、增强体力有很大的好处。坐式、卧式可使全身放松，有利于入静养神，培养真气，多用于静功。

2. 调息

调息，也称吐纳，是指练功时对呼吸的调整和锻炼。它既是气功练习的重要环节，也是体内真气蓄积和远行的主要手段。调息不仅直接起着调畅气机、按摩内脏的特殊功效，而且有助于身体的放松和入静。调息内容有两点：一是调整呼吸频率，使其细、缓、匀、长，符合练功要求；二是调整呼吸幅度，能够深浅自如地进行。

正常成人的呼吸为12～18次每分钟。练功入静后，呼吸变得柔和、细缓、均匀、深长，呼吸频率明显减慢，有时甚至每分钟仅呼吸1～2次。各流派功法对呼吸锻炼的要求也不同，常见的方法有自然呼吸法、胸式呼吸法、顺逆腹式呼吸法、潜呼吸法、深呼吸法、停闭式呼吸法、门鼻呼吸法、发声呼吸法、意气呼吸法等。传统功法中的吐纳、练气、调气、服气、食气等均属于调息的范畴。实践证明，呼吸锻炼方法掌握不当，极易出现偏差，可表现为胸闷、气短、腹胀，甚至不能自主呼吸等。故初学者对呼吸锻炼要特别小心。我们认为，没有特殊病情，还是以自然呼吸为好。

3. 调心

调心，也称调神，是对意识的锻炼和调整。气功的呼吸和姿势锻炼都是在意念活动支配下进行的。所以，意念在气功"三调"中起着主导作用。调心的内核是通过意念的作用，逐步达到入静。它要求练功者精神放松，情绪安宁，杂念逐渐消除，以达到气功入静状态，并在意识的主导下进行机体内部功能的自我调整和锻炼，通过特殊的心理过程来改变自身的生理状态。这是气功具有祛病强身、改善心理、消除不良情绪作用的最根本原因。因此，调心在练功三要素中起着决定性的主导作用。古人所说"全凭心意练功夫"就概括地表达了这一思想。传统功法中的意守、存思、观想、调神、练意等均属于调心的范畴。

总之，调身、调息、调心，分别对应人体的形、气、意，三者是互相联系、不可分割的统一体。其中，调身是调息和调心的基础和前提；调息有助于体势的放松和精神的宁静，是调身与调心的重要环节；调心则是"三调"的核心，也是调身和调息的目的。由此可见，这三者相互联系、相辅相成，共同发挥整体调节作用。不同气功功法对"三调"的锻炼各有侧重，只要严格按照功法的动作要领和要求坚持练习，就能达到"三调合一"的境界。

下面介绍一种静功功法——小周天。

小周天练功法要求气运自丹田至会阴，经尾闾、夹脊、玉枕而达顶门，绵绵不断地周流，就是气与意合的表现。使身体的任督二脉打通连接，达到二脉周流，顺环不息，以维持阴阳平衡。修炼小周天，能起到治病防病、保健延年的作用。

锻炼时，无论采取任何姿势，都必须准确。首先要全身放松，五官内敛，调节呼吸，达到宁静状态。利用任督二脉沟通，使呼吸绵绵不断，气息畅流。

其方法一般采取坐式或三园式。两眼微闭，上下齿轻轻扣合。练功前必须排除杂念，心情舒畅。动作开始时，用鼻吸气，十趾轻轻抓地，同时提肛，小腹随吸气逐渐内收，舌抵上腭。舌尖是任脉之站，舌抵上腭，以促进督任二脉流通力量，二脉始能相通。提肛时，由会阴处提气，循督脉向尾闾、夹脊、玉枕三关而达顶门百会穴。然后改呼气，鼓腹松肛，以意领气，将气由百会穴分道过两眼外侧到舌根、舌尖，改守下腭。接着像咽物一样，将气咽下，沿任脉下降至小腹脐下丹田处，即"气贯丹田"。再将气下沉会阴处，将气呼尽，再行吸气。吸气收腹时，肛门要立即上提，使气自然度过尾闾关向上提动。如此循环，气由会阴处借丹田的力量过三关（尾闾、加脊、玉枕）通三田（上丹田、中丹田、下丹田）形成一周，故名小周天。以气功术语来讲："阴阳上下常升降，金水周流自往返，五官内敛与三合，玄宫地轴合天关。"在呼吸方面，要求注意呼气做到舒缓细匀，吸气要静绵深长，总之要柔和自然。

当采取三园式姿势吸气时，十趾抓地，如"大雁起飞"之势，呼气时十趾放松，如"大雁落地"一般。同时在吸气时意识提示两臂，以十分之七的意识向内环抱；呼气时以十分之三的意识，向外撑松，即"七抱三撑"。这就是呼吸必然产生的外形，也是气与意合的表现。

（二）气功锻炼的注意事项（练功须知）

（1）练功目的要正确。

（2）要选择适宜的练功场所。

（3）练功时最根本的条件是入静。

（4）要严格按照功法要领和要求练功。

（5）练功不能意念过重，不可刻意追求自发功。

（6）对练功中产生的各种特殊感觉应泰然处之。

（7）要重视收功。

（8）练功时间及次数要适宜。

（9）要养练兼顾。

（10）坚定信心和决心，并能持之以恒。

（三）练功禁忌

（1）患有精神分裂症、癔症（或有该病史与家族病史的人）、严重神经官能症患者及胆子特别小的人，不宜练功。

（2）急性危重病人不宜练功，包括慢性病急性发作期的患者，以免延误病情。

（3）急性肝炎传染期和肺结核开放期的患者，不宜参加集体练功。

（4）患有严重的器质性疾病患者，不适合练运动量较大的动功。

（5）过度疲劳、大悲大怒及情绪不稳定时不宜练功。

（6）女子经期与妊娠期不宜练功。

（7）练功者应节制房事；在练功治病期间和练百日基础功阶段，应禁止房事。

（8）不能同时练两种以上的功法。

（四）气功锻炼的原则（公德篇）

气功锻炼是我国传统的一项健身方法，它既可祛病强身，又可陶冶性情、启发智慧。练功有成就者都非常注重道德修养，历来就有"信为功本、德为功母"之说。古人认为，道德有广义与狭义之分。广义的道德就整个宇宙自然而言，是指宇宙大自然最精微的原始物质及其固有的能力与运动规律。狭义的道德是指人的行为规范。

练气功为什么要强调道德修养呢？这是由气功锻炼的特殊规律决定的。凡是练气功，不论练哪种功法，最首要的一条都是入静，放松。因为只有入静，排除各种私心杂念，才利于真气的运行，达到治病健身的目的。

1. 不贪图名利，无私忘我

贪为练功之大忌。

心不静则真气难以运行，练功自然长进不大。

"清静无为，清心寡欲"。

2. 要客观面对，以乐排忧

要知足常乐，能吃亏让人。

多克己为人，善助人为乐。

"既来之，则安之"。

3. 要与人为善，树立正念

"己所不欲，勿施于人"。

助人者常乐，无愧者自在。

练功者要有正念。正念出正气，正气出正功。

4. 要处理好各种关系

总之，一个气功造诣很深的人也应当是一个心灵美、言行美、表里如一的人，是一个具有公而忘私的高尚情操的人，是一个自觉遵守社会公德、待人以礼、助人为乐的人。

（备注：本文是作者开发的深圳市中小学教师继续教育课程教师的身心调节与工作成效中的部分内容。）

欧阳华乐微信二维码

做一名幸福且快乐的教师

不同的人对幸福的定义是不同的。但不管如何，当一个人有着正确的心态，能客观地看待自己，在尘俗中依然纯净，在平淡处依然热情，在纷杂中依然执着；对待工作，专注于心中的目标，默默而无怨无悔地付出，那么幸运之神必将降临你的身边，为你敲开成功之门，给你带来价值与荣誉，幸福与快乐也必然伴随着你。

一、"吃亏"是福

我们时常听到某朋友或同事在抱怨"自己运气不好""生活太不公平"，其实在生活、工作之中，很难有绝对的平均主义（或者说绝对的公平），有的时候同样拿一份工资，很有可能你的任务比别人重，工作比别人苦，付出比别人多，而且可能这种情况不是一天，可能是一年或几年，是长期的。这时，如果我们不能正确看待，心态便会失去平衡，这无论是对自己还是对学校都不好。对自己来说，容易引起疾病——已经付出很多，却因为情绪伤了自己的身体是不应该的；对学校来说，工作中带有不良情绪，效率高不起来。

1996年我被调进平湖中学，10年来（从我当时在东源挂职支教的时间算起）我除了第一年教初二物理，还有一年因课改（撤销物理课，将物理、化学、生物与地理合为一门课程——科学）下到初一教科学外，其余8年一直在初三毕业班一线任教，且多年担任班主任（或年级组长、下级行政等），由于初三毕业班竞争激烈，工作压力大，因此有人说：教初三一年，就短命一年。虽然有些夸张，但也一定程度上反映了初三教师的艰辛。我教初三本来压力就大，教重点班压力更大，除担任班主任（或年级组长、下级行政等）外，还兼管科技活动及部分教研工作，压力可想而知，可以说我当时长期在高压力、满负荷（甚至是在超负荷——曾经同时教过6个班，也曾经跨年级教过）的状态下工作。也许由于长期的劳累，以至于有一次在上课时虚脱、冒冷汗、浑身无力，最后晕倒在讲台上……我也有过情绪，想休息一下、放松一下，不教初三，不当班主任，等等，但每当校领导要我继续带初三时，我又无法推却。或许是性格所致，我一旦承担了工作，就决不会应付了事，而是全身心地投入工作，任劳任怨、无怨无悔。我也没有想别的，只是觉得应该凭良心工作，但没想到的是10年来给我的回报却让我感动：我连续十年被评为先进（镇先进、区先进或市先进）或年度考核为优秀。我们那边评优是先民主投票，得票数多的再送到评审小组，最终由评审小组讨论决定，一般连续两年被评为先进的，第三年就不再继续评为优秀了，但没想到的是，我每一年的同事及三任校长（10年间，换了三任校长）却给了我这样的回报。

2004—2005学年我是教初一科学的，按理说2005—2006学年我应该教初二科学，但我们新来的校长把我安排到初三，且担任初三的下级行政，负责整个初三的全面管理工作，要我顶住两个方面的压力：一是初三级组的管理；二是科学课程的教学。由于本届科学课程是实施《课标》以来我区第一次参加全市统考，毫无经验可谈。说实话，我当时心里一点儿底都没有，因为科学课程包含物理、化学、生物、地理四门课程，除了物理我较熟悉外，其他三门课程我都很生疏，有的一点都不懂；而且初二科学自己又没有教过，初三的科学版本与初一的科学版本不同（初一是浙江出版社出版的，而初三是华东师范大学出版社出版的）。在这种情况下上新课都很难应付，白天经常因为事务较忙没有多少时间备课，晚上备课到凌晨一两点钟是常有的事，且有一些问题备课时即便看参考书仍然弄不懂，经常利用课前10分钟拿着教案去问专业教师，然后懵懵懂懂地走进教室，就这样非常艰难地熬过了这一年，在全体初三同人的共同努力下，我校2006年中考所有科目的总体成绩创历史新高：优秀率全区第二名，各项指标全部名列前茅。2006年，我校从来没取得过的名次我们取得了，从来不敢想可能超越的学校我们超越了。

我早已做好放弃评优、评先的打算，但学校评审小组却打破教代会决议，把我评为"区先进教育工作者"。我除了感动还能说什么呢？我觉得一个人多干活、干重活、干累活并没有什么，专注于目标你将充满力量，做好点点滴滴才能把握未来。"吃亏"是福！因为领导之所以把艰巨、重要的工作交给我们，这本身也说明领导对我们的一种肯定与信任，我们不要计较一时的轻重或苦累而影响我们的心情，我们应该保持积极的态度，一如既往地将我们身边的每一件事情做好！

二、客观地看待自己

古希腊人把"能认识自己"看作人的最高智慧。阿波罗神殿的大门上写着一句箴言："要认识你自己。"我们也常说："人贵有自知之明。"

然而，在现实生活中，真正做到有自知之明并不容易。有的人因为有点成绩就不知天高地厚，有的人因为业绩一时不理想便心灰意冷而放任自流，有的人因为遭遇挫折而自暴自弃……另外，在日常生活中我们也常处于各种不同评价和议论的包围之中。有人会赞许你、称颂你；有人会批评你、责备你；甚至还有人歧视你、诽谤你。你是从现实境遇和评价议论中汲取有益的成分来看清自己、改善自己呢？还是丧失了自我判断，被现实击垮或淹没在他人的议论中呢？

一个人能客观地、透彻地、正确地认识自己是至关重要的。面对种种矛盾与困惑，我们必须从正确地认识自我出发，对"我是怎样的一个人？""我能胜任怎样的工作？""我承担着何种角色？""在单位里，我应该怎样与同事们相处？"等问题进行正确定位。有这样一则故事：

别太把自己当回事

布思·塔金顿是20世纪美国著名的小说家和剧作家，他的作品《伟大的安伯森斯》和《爱丽丝·亚当斯》均获得普利策奖。在塔金顿声名最鼎盛的时期，他在多种场合都讲过这样一个故事：

那是在一个红十字会举办的艺术家作品展览会上，我作为特邀贵宾参加了展览会。其间，有两个可爱的十六七岁的小女孩来到我面前，虔诚地向我索要签名。

"我没带自来水笔，用铅笔可以吗？"我其实知道她们不会拒绝，我只是想表现一下一个著名作家谦和地对待普通读者的大家风范。

"当然可以。"小女孩们果然爽快地答应了，我看得出她们很兴奋，当然她们的兴奋也使我备感欣慰。

一个女孩将她的非常精致的笔记本递给我，我取出铅笔，潇洒自如地写上了几句鼓励的话语，并签上我的名字。女孩看过我的签名后，眉头皱了起来，她仔细看了看我，问道："你不是罗伯特查·波斯啊？"

"不是，"我非常自负地告诉她，"我是布思·塔金顿，《爱丽丝·亚当斯》的作者，两次普利策奖获得者。"

小女孩将头转向另一个女孩，耸耸肩说道："玛丽，把你的橡皮借我用用。"

那一刻，我所有的自负和骄傲瞬间化为泡影。从此以后，我都时时刻刻告诫自己：无论自己多么出色，都别太把自己当回事。

——摘自《家长里短情感版》2007年第1期，尹玉生

其实，每个人都有自己的人生价值坐标，当你所处的位置点正好是你的价值坐标点时，你就能很好地发挥自己的特长和优点，在事业上有所建树；但是如果错了，你将可能始终难有起色与作为了。所以无论我们多么优秀或多么优越，我们永远都要保持那份谦和与矜持；相反，无论我们多么弱小或多么贫苦，我们也应该保持那份平静与坚韧！唯有如此，我们的心灵才会少一些浮躁，多一分平和；少一些动荡，多一分安宁；少一些计较，多一分宽容；少一些自以为是，多一分宁静致远。

三、细节决定成败

一位先生要雇一名勤杂工到他的办公室做事，这位先生挑中了一个男孩。

"我想知道，"他的一个朋友问道，"你为何喜欢那个男孩，他既没带一封介绍信，也没任何人推荐。"

"你错了。"这位先生说，"他带来了许多介绍信：他在门口蹭掉了脚上的土，进门后随手关上门，说明他做事小心仔细；当看到那位残疾人时，他立即起身让座，表明他心地善良，体贴别人；进了办公室他先摘下帽子，回答我提出的问题干脆果断，证明他既懂礼貌又有才能。"

这位先生又说道："其他所有人都从我故意放在地板上的书上迈过，而这个男孩却俯身捡起那本书并放在桌上；当我和他交谈时，我发现他衣着整洁，头发梳得整整齐齐，指甲修得干干净净。难道你不认为这些细节是极好的介绍信吗？"

我相信每一个人都渴望成功，然而有些人却不能脚踏实地，不愿从小事做起、从点滴做起、从细节做起。其实，我们任何细小的言行都在向他人展现自

己。若要把自己介绍给别人，细节便是最好的介绍信！人不可能是天生的"绅士"，但我们应该从生活的点点滴滴来修炼自己、提高自身素养！细节往往决定事情的成败。

回想自己，每任教一个新的班级时，我总是非常认真地准备第一堂课，既精心地准备上课内容，力求让学生对物理充满憧憬；又好好地准备每一个实验，力求充分激发学生学习物理的兴趣；还介绍物理学习的方法，力求让更多的他们对学好物理充满信心；最后我还对学生提出希望与要求，以便让他们能够很快进入学习状态。例如，我要求每个学生有"三笔"（黑笔、蓝笔和红色笔或其他彩色笔）、"四本"（笔记本、改错本、归类本和草稿本）及"五工具"（三角板、量角器、直尺、圆规、橡皮擦）等，并且，开学第一周连续多天检查，务必确保每个学生文具齐全。当然，后面的每一堂课我都会注意学生知识要点的理解、重难点的突破、检测情况的反馈、学习状态的起伏、情绪心理的反应等，全面了解学生情况，及时跟学生沟通，做好心理疏导，挖掘学生学习的内驱力……

或许正是这点点滴滴的细节让我与学生之间建立了良好的情感，也让学生始终保持了这份敬仰、憧憬、兴趣和热情，所以才迎来一届又一届学生骄人的成绩。事实一次又一次地告诉我们：重视生活中的每一个细节，你将不断进步；把生活中每一件细小的事情做好，你将不断走向成功！

四、认认真真对待每一天

我刚到深圳之初，根本不会电脑，连开机、关机都不会，但为了方便工作，提高效率，我就先练习五笔输入法，学会后几天不用又记不住，因此只好改练自然码输入法，拼音还懂一些，较容易记住，学会后我就把我所有的物理教案全部输入电脑，成了电子教案，并将章节单元练习进行归类汇总，使用起来非常方便。后来，我又学习了Powerpoint、Authorware和Flash三个软件，学会后分别用它们制作过课件。

在刚被调进平湖中学时，物理学科教师中我年纪最小。为了锻炼自己，我主动参加一些教研活动，无论论文比赛、课件比赛我都主动参与；观摩课、公开课、研讨课等我也积极承担。当时并没有多想，只是觉得这一切都是分内之事，职责与良知让我自然而然地尽心尽力把每一项工作做好。

没想到自己的一点点付出却有可喜的收获——我的课件获得过区一等奖、市一等奖和国家级奖项；我的论文获得过区级、市级乃至省级奖项；而我辅导的学生参加全国物理竞赛获得过市级、省级或国家级奖项；我所带班级的班风一流，在文明班风评比中总是名列前茅；而我任教科目的成绩在平行班中一直领先，平均分常常比平行班高3~5分，也许正是因为如此——我平常做了一些点点滴滴不起眼的工作，我的中级职称第一次申报就顺利通过了，而我的高级职称在2004年第一次申报也同样顺利通过（当时我完全是抱着陪我校其他几位同事的心态），我成了当时我校最年轻的高级教师。大家可能会认为这并没有什么，但这对于一个从来没有教过高中，而且只在一所非重点、非直属的普通初级中学任教的教师来说实在是较为艰难的。

说这些，别无他意，只想同大家分享。明天是今天的延续，未来是由现在发展形成的。抓住了今天，把握了现在，我们才有可能把握好明天、把握好未来！涓涓细流终将汇成江河！机会永远只会被有准备的人所把握！每天多做一点点，就是领先的开始；每天进步一点点，就是成功的开始；每天创新一点点，就是卓越的开始！

五、当挫折来临时，请做情绪的主人

在现实生活中，有时我们会被一些流言所困扰；有时会因误会而产生一些摩擦与冲突；有时要承受一些工作上的挫折与失败……这时我们应该如何对待呢？科学已经证明：一个人情绪不好，体内就会分泌出某些毒素，日积月累，若长期得不到舒缓或排解，就可能出现肿块、肿瘤甚至癌变，也可能出现心脑血管疾病（如高血压）、糖尿病等，因此为了你自己及你的家人，请保持一份超然、宁静的心绪！这里有两则故事：

故事一：扛垃圾

"超越伤痛的唯一办法就是原谅伤害你的人。"大师说。

"这样，未免太便宜他了！"

大师反问："你真的相信自己气得愈久对他的折磨就愈厉害？"

"至少我不会让他好过。"

"假如你想提一袋垃圾给对方，是谁一路上闻着垃圾的臭味？是你。不是吗？"大师说。

"紧握着愤恨不放，就像是自己扛着臭垃圾，却期望熏死别人一样，这不是很可笑吗？"

——摘自《青年文摘》第4期，何权峰

故事二：快乐的钥匙

每个人心中都有一把"快乐的钥匙"，但我们却常在不知不觉中把它交给别人去掌管。

一位女士抱怨道："我活得很不快乐，因为我的先生经常出差不在家。"她把快乐的钥匙放在了自己的先生手里。

一位妈妈说："我的孩子不听话，我很生气！"她把快乐的钥匙交在孩子手中。

男人可能说："上司不赏识我，所以我情绪低落。"他把快乐的钥匙又塞到了老板手里。

婆婆说："我的媳妇不孝顺，我真命苦！"她把快乐的钥匙放在了儿媳妇手中。

年轻人从文具店走出来说："那位老板服务态度真恶劣，我的肺都要气炸了！"这把快乐的钥匙已被他放在文具店老板的手心里。

你的快乐的钥匙又放在哪里呢？

——摘自《全世界聪明人都在读的经典小智慧》，何灵

在我们身边，不论是周围的人、事还是物，都很容易影响我们的情绪。此时，千万别忘了：决定我们内心快乐与否的，正是我们自己。孔子曰："躬自厚而薄责人，则远怨矣。"面对生活中不如意的人和事，如果我们站得更高一些，眼光更远一些，心胸更开阔一些，也许这些所谓的不如意在你博大宽广的胸襟面前已经无所遁形了。正所谓，退一步海阔天空，高一筹笑傲江湖。

一个成熟的人能把握住自己快乐的钥匙，他不期待别人使他快乐，反而能将快乐与幸福带给别人。我曾在劝慰他人别生气时说过这样的话：你不生气，谁能气你；我不生气，谁能气我。不要用别人的愚昧、无知或野蛮来惩罚自己。宽容别人，其实就是宽容我们自己！想要善待自己，就必须保持良好的心态，永远不要做情绪的奴隶！我们每个人都应该始终保持包容快乐的胸怀——

只有内心明亮才能看到世界的光辉！

六、教师要有学习意识与反思意识

只有学习，我们才会有进步；只有反思，我们才会有提高。

由于时代在变、教具在变、大纲在变、要求在变，因此要求我们教师必须及时更新观念，提高技术，改变教学理念和教学方法。尤其是新课程改革以来，我国教师的专业成长问题被提到了前所未有的高度，而坚持不懈地学习和深入反思是促进教师专业成长的法宝。

那么学什么，又怎样学呢？我坚持向同行学习，向书本学习，向学生学习，向实践学习；学习教育心理学理论，学习新的信息技术，学习高效的教学方法与教学技能；多听校内外教师（尤其是优秀教师）的课，多参加学术交流与研讨；多阅读教育教学的专业书籍，并写读书笔记或论文，多参加各种竞赛活动，以便在本学科教师的帮助下锤炼自己。

书店优秀的教育教学专业图书很多，近几年我先后读过百余本不同种类的专业图书。从讲民主与科学的魏书生老师、搞儿童教育的孙云晓和"知心姐姐"卢勤，到搞赏识教育的周弘、快学速成法的张会祥，再到让孩子远离网瘾的陶宏开和《新课程名教师教学100条建议》的周成平……我都很乐意去学习，而每一本书、每一种理念都让我感受良多，受益匪浅。我对自己的要求是"进取但不苛求"（这句话既是我读大学以来的座右铭，也是我大学毕业时给同学的留言）。我进取，故我进步、我成长；我不苛求，故我淡定、我泰然。

美国教育家波斯纳认为，成长=经验+反思。在工作中，教师更要不断地进行教学反思。教学反思是教师对自己教学生活的自我观察，对自己在职业中做出的行为及由此所产生的结果进行审视和分析的过程，被认为是"教师专业发展和自我成长的核心因素"。教师不只是教育教学任务的执行者，更应该成为一个自觉的反思者，要以开放的态度研究自己的教学，时时刻刻在"为什么？如何会？何时会？怎样提高？"的自我追问中改善自己的教学取向。反思不仅有利于我们发现不足、改进教学、提高教学质量，而且有利于我们丰富知识、更新理念、提高自身素养。因此，教师反思是教学理论与教学实践之间对话、沟通的桥梁，并为教师的专业成长插上有力的翅膀。

七、请将平淡的工作做成精品

我们每天忙碌地打拼，努力地工作着，而面对学校领导的管理方式与态度，面对学校各项管理制度的约束与限制，面对工作中的阻力与挫折，不同的人可能有不同的感受和解读。我们工作得快乐吗？如果我们感到不快乐，排除外因，我们是否存在自身态度与情感需要调节的问题？我们该用怎样的心态来对待我们的工作呢？

做好了就是机会

有一个名叫艾伦的孩子，9岁时，他在祖父的农场里开始了他的第一份工作——赤手去捡牧场上的牛粪饼。一般的孩子都嫌这份活儿脏，不愿做，而艾伦却干得好极了。由于他捡牛粪饼表现出色，祖父给了他一个向往已久的工作——放牧马匹。

这件事深深影响了小艾伦，他坚信这样一个人生信条：手头的工作无论多么平凡，只要做好了，就是机会。

长大后，他从每星期挣1美元的肉铺帮工做起，这份工作虽然又累又脏，但他干得很出色，因为他一直没有改变他的人生信条：做好了，就是机会。

果然，他成了每星期50美元的美联社记者。

再后来，他又成了年薪150多万美元的首席执行官。

最后，他成了美国阅读面最广的报纸《今日美国》的总编。

——摘自《思维与智慧》

我们能够理解一个人渴望得到一份好的工作、好的待遇的心情，然而并不是每个人都能如此幸运——一开始就得到自己喜欢待遇又好的工作。社会上任何一种工作都必须有人去做，很可能你现在所做的事情并非你的理想职业，是怨天尤人地折磨自己，还是消极怠工来消磨光阴，或是放弃不干而错失机会？其实，机会需要一定时间，机会需要一个过程，机会需要积累！任何一个人只要能够积极地、自主地去做工作，怎能不出效果？怎能不被提升？能够每天都认真对待每一件简单的事情的人其实很不简单，能把每一件平凡的事情都做得圆满的人真的不平凡！艾伦的成功告诉我们，当我们把眼前平淡的工作做成精品时，那么，平凡的工作也能成为我们晋升的阶梯。

八、请树立成功者的姿态

我们每位教师在刚参加工作时都怀有"做一个业绩突出，学生喜欢、家长敬重、领导认可，并有相当知名度的好教师"的梦想，毕竟"不想当将军的士兵不是好士兵"，任何人都渴望成功，或者说任何人都希望在自己的职业生涯中有所建树。那么，我们教师该如何走向成功呢？

《周易》书中记载："天行健，君子以自强不息。"成功者，就必须拥有成功者的姿态。成功者的姿态关键要素有两点：敬业精神（精神层面）和研究行为（方法层面）。

1. 要有崇高的敬业精神

具有崇高职业精神的教师，不管当初是主动选择还是被动地选择了教师职业，都拥有了强大的内在动力，任何事情都不需要别人去管他，他们每天上班就像上足了发条，不是别人给他上的发条，而是自己给自己上的，在他们身上我们看不到一丝的倦怠与慵懒，只看到他们矫健的脚步、专注的神情和富有神采的眼睛。他们会自然而心甘情愿地付出，坚韧而执着地向前迈进；他们会干一行专一行，并努力将工作做到尽善尽美；他们的潜能会一点点地被挖掘出来，最终取得连自己都意想不到的成果。

魏书生老师的敬业精神惊天动地，他不设自己的办公室，每天就坐在教室后面思考与研究，坚持看多家之言，坚持写日记、写文章，坚持锻炼身体（做一百个俯卧撑），等等，这些在常人看来实在难以坚持，但魏书生老师却每天都乐在其中，成了学生顶礼膜拜的精神领袖。

2. 要有自主的研究行为

有了崇高的敬业精神之后，要想成功，还必须有良好的工作方法。而如何不断优化自身的教育教学方法呢？正确的答案有且只有一个，那就是走研究之路。将教育科研与教学有机地结合起来，用教研服务教学，用教学反哺教研。这种研究行为可以是正规的课题研究形式，也可以是为解决教育教学过程中遇到的困难而自发的研究行为。

在教育教学中难免会遇到这样那样的问题，如教育的方式方法、教学的模式与技能、学生的行为习惯、班级的管理制度等，每一个问题都有研究的价值和空间。作为教师，就要不断发现、研究问题，并解决问题，这样才能揭示教育规律，按教育规律办事，从而更好地促进学生的发展。魏书生老师之所以取得如此高的成就，是因为他长期研究并推行"和谐民主的师生关系"和"科学的教育教学方法"。他研究管理班集体的几个系统（计划系统、监督检查系统、总结反馈系统），运行效果非常好，从而总结了人人有事干、事事有人干、时时有人干、事事有人干；元帅当不成，赶快当士兵；大事做不成，小事赶快做等教育管理经典论述。

对我来说，自然没法跟教育家魏书生老师相提并论，不过我在教育教学过程中也曾进行过一些积极的探究，取得了一些让人倍感欣慰的成绩：教学上，前面第三章中提到的"自主互助学习法"是我在教学实践中通过摸索和研究，在"教学模式和评价方式"上的一次大提升；而在班主任班级管理方面，我也通过不断的研究，实现了由"自由式管理"向"德育量化管理"再向"主辅双线管理"的转变。实践证明，我的每一次转变都让工作效率和工作业绩有一个大的提升。

随着问题的解决、效率的提高和学生综合素养的提升等，教师自身的价值感和幸福感也会油然而生。正如苏联教育家苏霍姆林斯基所说："如果你想让教师的劳动能够给教师带来乐趣，使天天上课不至于变成一种单调乏味的业务，那你就应该引导每一位教师走上从事研究这条幸福的道路上来。"

古今中外教育的发展证明，教育工作者只有积极自主地投身于教育研究之中，在研究中求改革，在改革求创新，在创新中求发展，才能使教育具有旺盛的生机和活力。将研究有机地融入教育教学是教师提升自我，通往成功与幸福的必由之路。

改变态度，就能改变命运；改变情感，就能改变生活；改变心境，就能改变世界。让我们现在就行动吧！当我们执着、坚忍、淡然而自信地去追寻心中殷殷希冀的香格里拉时，我们就拥有了幸福与快乐，因为快乐与幸福永远在路上！

（备注：本文是作者在河源市东源县教育局挂职支教期间的一篇讲话稿。）

参 考 文 献

［1］孙云晓.习惯决定孩子的命运［M］.广州：新世纪出版社，2004.

［2］宿春礼，刘丽莉.态度胜于能力［M］.北京：经济管理出版社，2006.

［3］蒋平.成功欲望与心灵动力［M］.深圳：海天出版社，2002.

［4］潘海燕，夏循藻.骨干教师成长的秘诀［M］.北京：中国轻工业出版社，2007.

［5］黄朝椿，白山.成功青少年的8堂课［M］.北京：企业管理出版社，2004.

［6］中华人民共和国教育部.义务教育物理课程标准（2011年版）［M］.北京：北京师范大学出版集团，2012.

［7］蒋琳.多元智力理论指导下的学生评价［J］.教育探索，2007（1）：67-68.

［8］陈维锋.如何创造性地使用物理教材［J］.福建教育学院学报，2006（93）：68.

［9］孙新，彭征.中学物理学生学业评价标准的研制［J］.课程教材教法，2010（9）：82-88.

［10］韦元昌.活用新教材、巧设情境，让物理课堂在动态中生成［J］.中学课程辅导·教学研究，2014（8）：34.

［11］吴效峰.新课程怎么教Ⅱ——课堂教学问题与对策［M］.沈阳：辽宁大学出版社，2005.

［12］刘旭.新课程理念下的课堂教学：听课说课上课［M］.成都：四川教育出版社，2005.

［13］周峰，郑向荣.优质学校形成规律探索从"洋思"到"东庐"［M］.南京：江苏人民出版社，2007.

［14］江楚桥.物理教学中创新能力的培养初探［J］.中学物理教学参考，2001（7）：4-7.

［15］梁杏.教师课堂教学的十大技能［M］.长春：吉林大学出版社，2007.

［16］张明坤.教师教出好成绩的十大技巧［M］.长春：吉林大学出版社，2007.

［17］屠荣生，唐思群.师生沟通的艺术［M］.北京：教育科学出版社，2007.

［18］［英］苏·里奇.如何成为一名优秀的中学教师［M］.北京：中国青年出版社，2007.

［19］鄢月钿.优秀教师的十大标准［M］.长春：吉林大学出版社，2007.

［20］［美］安奈特·L.布鲁肖.给教师的101条建议［M］.方雅婕，译.北京：中国青年出版社，2007.

［21］应湘，向祖强.教师专业发展与学生成长［M］.广州：暨南大学出版社，2007.

［22］徐世贵.怎样听课评课［M］.沈阳：辽宁民族出版社，2003.

［23］皮亚杰.发生认识论原理［M］.北京：商务印书馆，1981.

［24］B.A.苏霍姆林斯基.给教师的建议［M］.杜殿坤，译.北京：教育科学出版社，1984.

［25］王升.课程实施的核心是主体参与［N］.中国教育报，2002-05-04.

［26］张天宝.试论主体性教育的基本理念［J］.教育研究，2000（8）：13-18.

［27］李志宏.主体性教育的理论与实践［M］.长沙：湖南教育出版社，2000.

［28］杨晓萍.多元智力理论与基础教育课程建设［J］.课程·教材·教法，2002（3）：22-26.

［29］杨四耕.自主课堂的要义与操作［J］.教育理论与实践，2002（10）：42-46.

［30］孙亮成.构建自主发展教育教学模式的研究［J］.江苏教育研究，2002（1）：29-32.

［31］程俊.对学生主体参与教学的思考［J］.教育探索，2003（2）：40-41.

［32］裴娣娜.主体教育的理论探析（笔谈）：主体教育理论研究的范畴及基本问题［J］.教育研究，2004（6）：13-15.

［33］千高原，梭伦.60分钟自我脱胎换骨法［M］.中国纺织出版社，2001.

［34］赵金香.中国鹤翔庄气功［M］.北京：北京出版社，1987.

［35］王唯一，金宝玉，曹玲.鞍山市中学教师健康状况调查与分析［J］.鞍山师范学院学报，2012（6）：96-99.

［36］谭华.教师心理健康培训不可忽视：对话湖北省房县中小学教师身心健康状况的调研［J］.新课程研究，2010（8）：86.

［37］夏志凤，钱成.论中学教师的职业倦怠及自我调适［J］.教育文化论坛，2011（2）：42-45.

［38］詹姆士·史卡拉.25种自然抗压疗法［M］.罗慕谦，译.汕头：汕头大学出版社，2003.

［39］哈维·戴蒙德.健康生活新开始［M］.李骥志，姜灏，译.北京：中国社会出版社，2003.

［40］尹文刚.别让压力拖垮你［M］.杭州：浙江人民出版社，2005.

［41］庞纳丽，刘曦.学会工作懂得生活［M］.北京：中国商业出版社，2006.

［42］杨霞，佟大壮，绘图.高考减压魔法书［M］.北京：中国社会科学出版社，2004.

［43］马济人.实用中医气功学［M］.上海：上海科学技术出版社，1992.

［44］吕光荣.中国气功辞典［M］.北京：人民卫生出版社，1988.

［45］郑杰.给教师的一百条建议［M］.上海：华东师范大学出版社，2004.

［46］何灵.全世界聪明人都在读的经典小智慧［M］.北京：中国长安出版社，2006.

［47］佳茗.小故事大启悟全集［M］.北京：中国长安出版社，2005.